人脉是王牌

打坐十年 / 著

哈尔滨出版社
HARBIN PUBLISHING HOUSE

前言

在美国有一句话："一个人能否成功，不在于你知道什么（what you know），而是在于你认识谁（whom you know）。"几乎没有一位成功者把他们的成就归功于其天生的才华，在他们看来，学历是铜牌、能力是银牌、理想是金牌，人脉才是王牌。正如戴尔·卡耐基所说的那样："专业知识在一个人成功中的作用只占15%，而其余的85%则取决于人际关系。"

然而，快节奏的生活工作方式，使得人与人之间的交往沟通越来越少，今天绝大部分的人都处于冷漠社交状态，仍把"只要是真金迟早会发光"作为信条，殊不知当你的闯劲和潜力完全爆发之后，便会明显地感觉到自己并不是什么事情都可以搞定。有过这种经历的人都能深深地意识到，有时候"外界的助力"会让自己事半功倍，一蹴而就。

正所谓"工欲善其事，必先利其器"，你若想在职场生活中平步青云，必须先换一种态度来对待你周围的每一个人，让自己变身为职场的人脉达人。石油巨子保罗·盖蒂就曾说："一个成功者，不管他拥有多少知识，如果他不能带动人完成使命，那么他就毫无价值。"看看那些在职场中表现杰出的人，他们情绪稳定，充满自信，而且懂得关心别人。他们所具有的受人爱戴的性格特质，绝不是从摇尾乞怜或牺牲原则讨好别人中得来的，而是靠培养一种良好的沟通和激励别人的能力来获得的。人脉是人生事业成功的保障，它可以使你在生活或职场中，成为一位佼佼者。阿基米德曾说："给我一个支点，我可以撬动整个地球。"

对于任何一位职场人士来说，要想把自己的技能充分发挥出来，取得成功，就需要找到一个适当的支点，这个支点就是人脉。人脉缺乏，将可能出现英雄无用武之地，长期原地踏步的现况。

那么，该如何成为各色圈子里的核心人物，并搭建一个极具竞争力的高质量人脉圈子？如何让你的人脉真正地发挥效用？这正是本书的使命。本书将告诉读者24条通吃天下的职场生存法则：你必须知道结交什么样的人会使自己发出更大的光亮；不轻视小人物，而是借助与这些小角色交往为自己打造一视同仁的好名声；让你的口中永远吐露出沁人心脾的好消息，并让自己的出现总是能够引起众人欢呼不断；永远让自己被人需要和渴求，别人越依赖你，你的人脉越宽；适时地为陷入尴尬境地或困难之中的人提供帮助，通过帮助别人来更好地促进自身的发展；避免陷入经营人脉的误区，追求错误的关系类型，或者未能有效运用关系。一个高绩效的人，并不是认识的人越多越好，也不是认识的人越重要越好。学会精心挑选自己的人脉，把自己的人脉控制在一个适度的范围，保证这些人脉构成的多样化，并善用这些人脉，让其发挥效用；互惠的关系往往能带来更多成果，最成功的领导者总是想方设法向他人提供更多好处……

在这个世上，没有一个人能够不与别人合作就能获取成功，无论是比尔·盖茨、马云，还是史玉柱、俞敏洪，从不敢说是靠单打独斗赢来的天下，这是放之四海而皆准的真理。依循本书所讲的这些法则，打造自己的人脉资源，让其为己所用，你将获得一种无法抵挡的力量，并成为永远的赢家。

目录

第一章　你的朋友值多少钱

人脉是一种资源和资本，很多成功的商界人士都深深意识到了人脉资源对自己事业成功的重要性。无论你从事什么职业，学会处理人际关系，掌握并拥有丰厚的人脉资源，你就在成功路上走了85%的路程，在个人幸福的路上走了99%的路程了。因为人脉是你终生受用的无形资产和潜在财富！

第二章　必须先让人喜欢你，让自己变成受欢迎的人

假如你对别人来说是一个"价值"不高的人，那么想必别人对你的关注也不会太高，这不是"势利"，而是一种需要。谁愿意同一个毫无价值的人为伍呢？假如你想赢得人脉，那就从改变自己开始吧，让别人喜欢你、接受你，这是建立人脉的基础。

1. 声誉为王 / 012

凡事都是你的声誉抢先一步，如果你的声誉受人景仰，那么在你决定做某事之前，或许只要一句话，大量的工作都已经为你完成了。

2. 以信为本 / 023

信用是人与人交往和相处的基本准则。重然诺是为人之本，守信用是民心所向，要想获得人脉，一定要以信为本，信用是无形的力量，也是无形的财富，守信是立事之本。倘若不想食言，谨慎地承诺并因时变通才是明智之举。

3. 永远传递好消息 / 030

所有人都喜欢听好消息，至于坏消息留给别人去说。因为人们喜欢传播快乐的人，而对时常悲观，传播不乐观态度的人越来越厌烦。

4. 结交小人物，打造一视同仁的好名声 / 036

任何人都值得你去交往，千万不可忽视那些小人物。小卒一旦过河得势，车马未必能挡。小人物往往可以助你成就大事，其作用伟人圣贤亦难敌。所以，绝不可忽视你身边的小人物，借助与他们的交往来打造一视同仁的好名声，会给你带来旺盛的人脉，使你赢得更多人的崇敬。

5. 表现出王者的自信，让自己突出于众人之上 / 043

如果说人脉高手与"普通人"有什么不同的话，第一个不同就是他们都具备了极强的"待人接物"的能力，而这种能力大多来自于自信满满又优雅尊贵的仪态。你的自信决定你的身价。你越自信，你的身价便越高。但千万不可装腔作势，否则会自毁前程。要记住：你散发的是自信，而不是傲慢和轻蔑。

6. 才华与学识具有勾魂摄魄的魅力 / 049

所有成功的人，都是努力的人。内涵的养成绝非一朝一夕的工夫，它需要时间的陶冶,更需要丰富的学识和智慧的感悟。你一定要见多识广,如果见识浅薄,无论你如何吹嘘,都是自毁形象。

7. 形象创造影响力 /054

人们是视觉的奴隶,却是自我形象的主人,所以每个人都可以做自己的信使。你的形象决定别人对你的评论——你可以不在意别人的评价而特立独行,但你不能否认社会成功依赖于他人的认可。在一个眼见为实的时代,人们只有看到形象彰显出了卓然,才会相信才华这回事。

8. 时刻都要注意细节 /067

小节永远不容忽视,千里之堤,溃于蚁穴,九层之台,起于累土,小节虽小,影响甚大。做一个讲究礼仪、举止得体的人,永远是社交场上的宠儿,也是命运女神的宠儿。

9. 别让优越感害了你 /075

我们对才能的使用,一定要像使用金币一样,太吝啬不对,太奢侈也不对。适时根据情况展示你的才华,才会赢得别人的好感,而不是忌妒的毒箭。记住,千万别让优越感害了你,因为自以为聪明的人往往不得善终。正如人们所说的那样:"你的愚笨,便是他的骄傲;你的聪明,便是他的耻辱。"

10. 幽默是拓展人脉的无形资产 /087

如果你想在社交圈子里成为引人注目的"明星",必不可缺的一项素质便是幽默。幽默是一种人生的态度,也是一种人际交往的技巧。生活中,人们都喜欢同机智风趣、谈吐幽默的人交往。在某种意义上,幽默感是人际交往间的调味料,它可以缓解沉闷的气氛,也可以使人从尴尬的处境中解脱出来。幽默感是获得好人缘的优势条件,幽默的人,讨人喜欢,受人欢迎。

第三章 什么样的人生取决于你结交什么样的人

结交什么样的人对构建有价值的人脉资源库，具有十分重要的意义。要记住，和有能量的人在一起，你会变得更有能量。如何与有能量的人交朋友，这不仅需要更为严格的标准，更是一门艺术。

1. 关键人物　/ 094

你想要追求成功又想仰赖捷径，最好的办法莫过于为自己建立起人脉资源库。这些人可以是你的亲戚、老乡、同学、战友、同事，都可能成为你事业发展中的"贵人"。他们是你的靠山，用心经营这些人，依靠这些人，必将给你带来无尽的机遇和财富。

2. 远离小人　/ 099

平等的合作关系经常是由真正的成功者和真正的失败者组成的，因为失败者往往很狡猾，会按动你的"热心肠按钮"。在任何情况下，如果你能了解可能具有的弱点，你就不会受到任何小人的掠夺。

3. 建立团队　/ 105

与什么样的人交往对你有利？政界官员、银行要员、有关专家和教授、底层推销员、材料供应商、律师、竞争对手的职员以及重要大客户等等。这些人并不一定非要是你的员工，但他们却是你另一个团队的重要成员。

4. 尽可能结交使你发出更大亮光的人　/ 112

如果一个人使你黯然失色，他就不是你理想的友伴，去结交那些使你发出更大亮光的人。你应该尽量不要因为邪恶的同伴而损害自己，就如同应该尽量不要牺牲自己的声誉去增加别人的光彩。无论何时，你都应记住，跟成功的人交往可以孕育成功，跟失败的人交往只能继续失败下去。

第四章 朋友需要经营，这是艺术，也是技术

你要记住，经营友谊绝非易事。交个好朋友就好像增加了一名新的家庭成员一样，它同时也伴随着风险和责任。要想拓展自己的人脉，必须走出人际交往的误区。本章将为你破解领袖天成之谜，并且为你提出增进个人魅力的确切方法。这些方法会帮助你获得一种无法抵挡的力量，并成为永远的人脉赢家。

1. 让别人需要你 /122

一个人脉高手永远都是被人需要和渴求的，别人越依赖你，你的人脉越宽。这个道理同样适用于女性，让男人爱你不重要，学会让男人需要你才重要。

2. 将金钱转换成影响力 /134

金钱是礼貌与社交的通路，拜伦说："贪婪和吝啬做的酒杯，永远盛不到友情的美酒。"慷慨大方的人，尤其是在朋友遇到困难和不幸时，鼎力相助的人，才是真正的朋友。打开你的大门，流通你的金钱，通过将金钱转换成影响力的炼金术，可以创造出左右逢源的堂皇气派。

3. 关键时刻及时伸出援手　/ 143

适时地为陷入尴尬境地或困难之中的人提供一个台阶，他将记住你的恩惠。一个懂得经营人脉的人，总是能通过帮助别人来更好地促进自身的发展。

4. 交人莫持实用主义　/ 152

幸运时朋友了解我们，逆境时我们了解朋友。千万不可贫贱移友、富贵移交，否则你失去的不是一个故交旧友，而是他整个的朋友圈。要结交真正的朋友，同时更要让自己成为别人真正的朋友。记住，超越地位、财富、名声的友谊才是真正的友谊。

5. 散播"利益的种子"，让利益循环　/ 158

你时刻都要记住，建立人脉关系的四大法则，即互惠、互赖、分享和坚持。经营人脉就是"贩卖"你的感情与信赖感，朋友先是信赖你，才会与你合作。在商场中，互惠互利会让你赚到的钱远胜于你单枪匹马赚来的利润；在人际交往中，互惠互利会让你获得无数成功的机会。

6. 患得患失，必有所失　/ 165

斤斤计较的人的结局大多荒唐可笑，锱铢必较的人大多是功利心强的人，因此没有结交的价值。锱铢必较者表面比谁都精明，事实上却是精明而不高明。他们对一切事物斤斤计较，几乎是病态的神经过敏，反而使自己变得可笑。你绝不可成为这样的人，应舍一时之小得，以便获得更长久的美誉。

7. 增强影响力的秘诀在于倾听，而不是表达　/ 172

几乎所有的人都希望自己在别人心中有着不可替代的地位，人人都需要获得这种满足感，而你可以不费吹灰之力便轻易地满足别人所需，从而使人群不断地向你聚拢，当你发现自己被人簇拥时，你会觉得这完全是倾听技巧的威力。增加人脉的秘诀之一，不在于你表达了多少，而在于你聆听了多少。聆听就是用你的双耳去征服他人,这是一个使众人无怨无悔地接受你意见和建议的绝佳主意。

8. 大庭广众赞美他人,错误留在暗处　/180

在大庭广众之下表扬一个人,会使其因受到肯定和重视而表现得更出色,并心甘情愿地为你服务;如果反过来,不仅无益于当事人改过,还会招其厌恶,使你四面受敌。你要永远记住:错误是丑陋的,没有人喜欢将它暴露在大庭广众之下;赞美则是尊贵的,喜欢被多数人看见。

9. 人脉的收益就是善心的积累　/193

有这样一句话形容不同的主管:"一流的主管让人尊敬,二流的主管让人爱戴,三流的主管让人畏惧,四流的主管让人讨厌,不入流的主管让人戏弄。"在现在这个时代,谁要是处心积虑地使自己处于让人惧怕的地位,那他无异于为自己建立了一座与世隔绝的城堡,而仁厚友善的方式比任何暴力更易于收服人心。与人为善,永远没有坏处。

10. 距离产生好感　/203

与人交往时,刻意保持一段距离,不轻易过问别人的隐私,会使你更受欢迎,赢得旺盛的人脉。距离有时候就像一只点石成金的魔手,撮合着或捉弄着人们。不要以为亲密无间就能获得他人的好感,平淡如水又绵长无穷的关系能够为你赢得荣宠。学会掌握与人交往的"距离"艺术,你将成为朋友们最信赖的人。

第一章

你的朋友值多少钱

人脉是一种资源和资本，很多成功的商界人士都深深意识到了人脉资源对自己事业成功的重要性。无论你从事什么职业，学会处理人际关系，掌握并拥有丰厚的人脉资源，你就在成功路上走了85%的路程，在个人幸福的路上走了99%的路程了。因为人脉是你终生受用的无形资产和潜在财富！

PE公司的隐形团队

很多年前，在美国硅谷有一批成功的创业家，当他们的公司在PE（PE即Private Equity，私募股权投资，是指通过私募形式对私有企业，即非上市企业进行的权益性投资，在交易实施过程中附带考虑了将来的退出机制，即通过上市、并购或管理层回购等方式，出售持股获利）的支持下实现成功上市，或者以高价钱卖给了其他公司后，他们高昂的创业斗志、浴血商场的激情逐渐消退，但他们又不甘心自身的创业经验及相关资源白白浪费，希望能有一份不需要天天上班，既能享受生活，又能发挥自身能量的工作。

而当初辅助这些企业家实现成功上市或售出的PE公司，也看到了这份资源。PE公司认为这批人有丰富的创业经验、懂运营、懂管理、有资源，同时又对市场有深入了解，这对 PE 公司来说是一份难得的资源和价值。

在这种情况下，投资合伙人（Venture Partner）诞生了！

在美国，这些投资合伙人被形容是一群长着白头发的有钱人，当然这只是一个比喻，用以形容这些投资人在某些行业或领域"够资深"。

这些"白头发的有钱人"一般有如下特点：有足够丰富的项目源，他们一般都是成功的企业家，或者某些特定行业的专家、学者，有足够的机会接触到优质的企业和相关项目资源；拥有丰富的行业经验，PE 公司里多数是一些财务投资人，他们对财务报表、现金流有天然的敏感性。但对特定的商业模式、行业经验一般不会有特别深入的了解，但这些人恰恰弥补了 PE 公司在这方面的不足；最后便是这些"有钱人"拥有极强的管理能力，能够处理各种"棘手"的问题。他们能够为 PE 公司提供管理运营方面的具体经验，必要时还可以代表 PE 机构接手项目公司，为 PE 机构维护并收回投资权益。

要知道这些"有钱人"本身并不是 PE 公司的正式雇员，更类似于 PE 的高级顾问，但工作形式又比顾问更深入。在具体项目上，他们的主要工作是 Hand-holding，也就是负责搞关系，想方设法把项目和投资方拉到一起，为 PE 公司带来可观的收益。

从投资人角度，这些人不但是 PE 机构的合伙人，其自身亦是天使投资人。他们在项目早期进入，对企业发展方向和竞争优势有更加明晰的思路，这种经验可帮助 PE 机构更准确地判断企业核心竞争力。

除了聘请投资合伙人之外，一些 PE 公司还会采用聘请顾问的形式，将社会上一些具有重要影响力的成功企业家"存储"进来，组成能量庞大的"人脉银行"。

2006 年 11 月，英国 PE 公司 3i 就将在欧洲实行了 15 年的"人脉计划"导入了亚洲。该计划在全球共有1000多名会员,其中亚洲有60—70名,除新加坡和印度外,多数会员在中国。会员的基本要求是10—15年行业经验、在知名企业担任过重要职务的人士,或是在跨国公司担任过重要职位,或者是成功民营企业的创始人。

2007年8月,欧洲第二大私募基金公司CVC资产公司宣布聘请前花旗集团全球市场亚洲区主席梁伯韬担任该公司大中华区顾问。梁伯韬将负责开拓该地区的投资机会,并为已投资的公司管理层提供咨询。被称为"红筹教父"的梁伯韬在香港和大陆有着广泛的人际关系,曾帮助过很多大陆公司筹集资金。他在投资银行业有30多年的经验,在加入花旗集团之前曾担任巴黎百富勤副主席。

同样,凯雷投资集团因喜欢招纳全球政界名人而被称为"总统俱乐部",这些拥有超级人脉关系的人或直接加盟,或担任顾问,从不同角度为凯雷的投资战略打通各种"关系"。

在英国,摩根大通在2008年初不惜支付约100万美元的年薪,聘请英国前首相托尼·布莱尔为其顾问。虽然外界批评布莱尔根本不懂经济,但很显然,摩根大通看上的更多是布莱尔的人脉。为此,摩根大通首席执行官杰米·戴蒙高度评价了布莱尔加盟的重要性,并指出懂经济的在摩根大通多得是。他说:"世界上拥有布莱尔那种见识和关系网的人屈指可数,布莱尔的加盟将给摩根大通带来巨大贡献。"

PE公司之所以不惜重金聘请大量"白头发的有钱人",甚至连英国的前首相托尼·布莱尔这样对经济一无所知的人也能够受到重用,其主要原因就是看中了这些人的人脉资源,并利用其为自己带来更大的经济收益。由此可见,人脉是一个企业最重要的资产,更是一个人最重要的资本。

你的人脉银行存折有多少？

你值多少钱？这问题说来很伤人，但在竞争激烈的职场现实中，这确实是一个非常实际的问题。你想知道自己今天究竟值多少钱吗？那么，你现在找出身边最要好的三个朋友，他们收入的平均值，就是你应该获得的收入，即（朋友 A+ 朋友 B+ 朋友 C）/3。

按照这个说法，你可以计算一下自己身边最好的三个朋友的价值。与此同时，也不妨算算自己的人脉价值，看看你的人脉到底值多少钱？

斯坦福研究中心曾发表过一份调查报告：一个人赚的钱，有 12.5% 来自知识，87.5% 来自关系。该报告所说的"关系"，即"人际关系"。

在好莱坞也流行着这样一句话："一个人能否成功，不在于你知道什么，而是在于你认识谁。"美国老牌影星柯克·道格拉斯的成功便是这句话最好的证明，年轻时的道格拉斯落魄潦倒，由于一次在火车上偶遇一位谈吐优雅的女士，并与之攀谈起来，结果道格拉斯的人生改变了。因为这位女士正是好莱坞的知名制片人。这个故事说明，即使柯克·道格拉斯本来就是一匹千里马，也要遇到伯乐才能美梦成真。

当然，这样的机会并不是每个人都能遇到，甚至比中彩票的概率还要小。那么，请再看看以下例子，或许你会发现，人脉竞争力在一个人的成就里扮演着重要的角色。

位于台北市内湖科学园区的益登科技，因为代理 NVIDIA（全球绘图芯片龙头厂商）的产品，从毫无名望到迅速跻身为台湾地区第二大 IC 渠道商，而其总经理曾禹旖创造了在六年内赤手空拳打拼出一家市值逾 80 亿新台币公司的奇迹。

一位与曾禹旖相交 20 多年的老朋友认为，在同行业或同辈中，论聪明和能力，曾禹旖都不能算顶尖，但就是因为他愿意与别人分享利益，幸运之神才会眷顾他。

台湾地区凌航科技董事长许仁旭，也是靠人脉竞争力来打天下的。他说："如果不是因为朋友的介绍，凭我中山大学的学历，根本不可能进台积电或任何一家科技公司；如果不是因为我在台积电工作时跟凌阳董事长黄洲杰建立了深厚的感情，我现在也不会成为凌阳集团投资业务的重要顾问。"

另一个将人脉竞争力发挥到极致的个案，来自证券投资界的杨耀宇。他曾是统一投顾的副总，在退出职场时，担任了五家电子公司的董事职务。为什么他能够从一名乡下小孩迅速成长为打工皇帝？"有时候，一通电话抵得上十份研究报告，"他说，"我的人脉网络遍及各个领域，成千上万条。"

从上述例子可以看出，无论是科技、证券还是金融业，人脉竞争力都是一个日渐重要的课题。正如卡耐基训练区负责人黑幼龙所说的那样："人脉是一个人通往财富、成功的入门票。"

要知道，当你开始用工作换取酬劳，在某些场合中借助名片介绍自己时，背后代表身价的无形光环已展现在众人面前、无所遁形。你的价值会以各种形式不知不觉地出现在你身边，从新人初出茅庐的表现，到资深经理人操控全局的运筹帷幄，就算有一天离开职场，往后人生的名声也都得仰赖过去所累积的身价。

也许你曾投入大量的心血在学历上，但一张漂亮的成绩单，恐怕只能陪你度过第一份工作的前半年。自认吃苦耐劳大小事全包，但没有良好的表达能力，无法将埋头苦干的成果转化成加分的价值，那也是白搭。能力效率满分、拥有黄金行情，却因小小疏忽搞砸了一个重要项目，可能会跌得很惨，身价碎落满地一时半刻拼不回来。

相反，即使你待过的都是一些名不见经传的小公司，却用诚恳负责换来一堆人脉，尽管缺少知名企业的"黄袍加身"，也足够自由自在的在职场里纵横了。

如何在起伏、变量极大的职场中站稳脚跟？到底要累积什么样的价值才是最重要的。想必你已经知道了，学历、金钱、背景、机会……也许这一切你现在还没有，但是你可以打造一把叩开成功之门的金钥匙——人脉。

先有"人脉存折"，后有"成就存折"

哈佛大学为了解人际能力在一个人的成就中所扮演的角色，曾经针对贝尔实验室的顶尖研究员作过一项调查。调查结果显示，那些被大家认同的杰出人才，专业能力往往不是很强，关键在于"他们会采用不同的人际策略"——当一位表现平平的研究员遇到棘手问题时，会努力去请教专家，之后却往往因苦候回音而白白浪费时间；但顶尖人才却因为在平时就已经建立了丰富的资源网，一旦有事请教便立刻能得到答案。

这份研究报告指出，在专业技能已经是必备条件的现代社会，决定胜负的关键往往在于面临难题时，人们如何以最快方式找到对的人解决问题。

法国 Total Fina Elf 集团前总裁每年都定下一个目标，要与 1000 个人交换名片，并跟其中的 200 个人保持联络，跟其中的 50 个人成为朋友；著名钢铁大王卡内基曾说："即使把我的全部财富都拿走，只留下我的组织，我一样会成功。"美国前总统西奥多·罗斯福也表示："成功的第一要素是懂得如何搞好人际关系。"

提升人脉竞争力是一辈子的功课。如果将一个人30年的事业生涯分成三个阶段，第一个十年，重点应在于培养专业知识——年轻人在这个时间，并不需要刻意把重心花在建立关系上，而是利用每一次把事做好的机会，附带建立自己的人脉圈子。

第二个十年，是专业与人脉并重的阶段。这时，除了靠工作上的往来建立人脉，也可以发展出私人的社交圈，利用这个圈子学习与不同专长的人互动。

在事业生涯的最后十年，人脉关系将优于专业能力，因为专业的事情会由你的下属帮你完成，而你的人脉关系也就是能为这些专业增值的地方。

因此，如果一个人想要有所成就，首先要让自己拥有专业的知识，然后不断地积累丰厚的"人脉存折"。要记住：成就＝专业知识＋人脉。

当然，提升人脉竞争力的最重要原则还是要诚心，学习关怀别人。因为人脉的积累是长年累月的，不管是一条人脉，或是由人脉伸展出去的人脉，都需要长期的付出与关怀。

100多年前，胡雪岩因为善于经营人脉，而得以从一个倒夜壶的小人物，翻身成为清朝的红顶商人。100多年后的今天，翻看每一个政界、商界成功人物的成长轨迹，也都是因为拥有了一本雄厚的"人脉存折"，才有了之后的"成就存折"。

像管理企业一样管理人脉

不管是在职场、商场还是在人生的过程中，我们都会有各种各样的朋友，有谈心的朋友，有价值观相同的朋友，有志趣相投的，有抱负相同的，无论是企业还是个人，在我们往前走的时候，根本就离不开人脉。但是你要记住，并非所有朋友都会成为你优质的人脉资源。

许多职业发展的机会和商机，来自于平时的人脉资源的积累，运营人脉资源的能力，已经成为领导力的重要一环。那么，善于交朋友的人如何扩展管理自己的人脉资源？如何构建属于自己和企业的优质人脉银行呢？

人脉需要经营，这是一种管理艺术，更是一种技术。当你的人脉资源少得可怜时，可以通过本书的一些策略来帮助自己聚集人气，储备人脉；而当你的人脉资源越攒越多的时候，同时也需要进行梳理，像管理企业一样管理自己的人脉。

建立人脉资源有一个最基本的原则，那就是正直和诚实，这里面包含了两个不同的维度：第一，做一个正直的人，被大家长期信任，这是结交社会资源的一个基础；第二，为别人带来价值，让别人成全你、帮助你。

建立人脉资源，要先把事情做好。有一种人为了扩展人脉资源，功利性很强，策划得很全面，但他成功的概率有多大，不得而知。真正做事业的人不完全这样，只有脚踏实地把眼前的事情做好，基础打好，把人做好，资源和团队就建立起来了。人脉资源也就在无形中积攒起来。

当然，判断一个人能不能成为你的朋友，可以事先观察他的朋友圈。如果你身边的朋友都愿意把自己的好朋友和你一起分享，成功的时候以你为荣，而不是猜忌、忌妒，那么他就会是你真正的朋友。

你的人脉资源在哪儿？

想要扩展你的人脉，首先要做的就是走出自我封闭的小圈子，参与社团可在自然状态下与他人互动，建立关系，从中学习服务人群进而创造商机并扩展自己的人脉网络。唯有接近人群，打开人脉通道，一通百通，才是创造财富和寻找人生机遇的最佳捷径。

利用网络寻找志同道合的朋友，这会给你带来三大好处：

1.走出去方知天外有天、人外有人；

2.学习后才知道自己孤陋寡闻；

3.任何团体不仅是一个学知识、长见识、开思路的好地方，更是你借此拓展人脉资源的好机会、好平台。

当然，你要学会表现自己、勇敢出击、善于沟通与交流，主动与他人沟通、学会沟通和赞美，想成为一名成功的人士，你要善于学会把握机会，抓住一切机会去培育人脉资源。

施比受更有福，虽然是老生常谈，但如果你一直秉持这个信念，不管交往的人身份高低，总是尽量帮助别人，在你需要的时候，别人自然也会帮助你。

要成大事，先要会做人；而会做人，即是善于在交往中积累人脉资源。若能做到圆通有术，左右逢源，进退自如，人脉大树枝繁叶茂，那成大事一定不在话下了。

秉持大多数法则扩展人脉。大多数法则即"大数定律"或"平均法则"，是概率论的主要法则之一。你结识的人越多，那么预期成为你的朋友的人数占你所结识的总人数的比例越稳定。广结人缘，你必须服从这个永恒的法则。

经营人脉资源要运用"二八法则"。在企业中，20%的产品在创造着企业80%的利润，20%的顾客为企业带来80%的收入，20%的骨干在创造着80%的财富，80%的质量瑕疵是由20%的原因造成的等等。

经营人脉也是如此，并不是所有的朋友都会对你一生的前途命运起重大影响和决定作用，真正能够帮助你的人也许就是那么几个重要人物，甚至只有一个人。所以，我们不能平均使用我们的时间、精力和资源，我们必须区别对待，必须对影响或可能影响我们前途和命运的20%的贵人另眼相看，我们必须在他们身上花费80%的时间、精力和资源。

四通八达的人脉网络需要爱心的浇灌，需要精心的梳理，需要细心的呵护，需要耐心的期待。因此，你应该将人脉资源妥善管理，纳入你的长期或短期的职业事业规划计划之中，逐步养成经营人脉的习惯。

记住：人脉是一种资源和资本，很多成功的商界人士都深深意识到了人脉资源对自己事业成功的重要性。无论你从事什么职业，学会处理人际关系，掌握并拥有丰厚的人脉资源，你就在成功路上走了85%的路程，在个人幸福的路上走了99%的路程了。因为人脉是能让你终生受用的无形资产和潜在财富！

第二章

必须先让人喜欢你，
让自己变成受欢迎的人

假如你对别人来说是一个"价值"不高的人，那么想必别人对你的关注也不会太高，这不是"势利"，而是一种需要。谁愿意同一个毫无价值的人为伍呢？假如你想赢得人脉，那就从改变自己开始吧，让别人喜欢你、接受你，这是建立人脉的基础。

人脉是什么？准确地说，人脉即指特定环境内外界对一个人的理解、喜爱、尊重和认同。它不是什么虚无缥缈、无迹可求的东西，它与形象、品德、能力、心态等多种因素有关，它总会通过一些事物表现出来。更确切地说，人脉是一种迷人的气质和个性魅力，能让别人支持并热情洋溢地发扬光大你的远景。

人脉并不是那些卓越人物与生俱来的，这些人得天独厚所具有的人脉资源，是我们每个人都可以拥有的，前提是你必须掌握拓展人脉的重要法则。要想拓展自己的人脉，最首要的就是让自己变得受欢迎，让别人喜欢你。

现实中有一些人因为性格方面的原因，无论做什么都招人鄙视、受人嘲讽，这是为什么呢？没有人愿意做一个"讨厌鬼"，可并不是所有人都了解受人欢迎的秘密。是否受人欢迎取决于多种因素，但归根结底它是一个人的人脉资源的综合体现。

人脉就是财富。人脉资源丰富的人，即使不是受众人瞩目的大人物，也会有人乐意追随他。如何提升自己的人脉资源是一个充满诱惑的课题，换句话说，它是你通过最划算的方法来获得伟大功业的艺术，它会让你从容地把自己的智慧、精力集中在你的目标上，避免陷于复杂的人际关系中，使你能更随心所欲地达到自己的目标。

假如你对别人来说是一个"价值"不高的人，那么想必别人对你的好感也不会太大，这不是"势利"，而是一种需要。谁愿意同大街上一个衣衫褴褛的乞丐为伍呢？假如你想赢得人脉，那就从改变自己开始吧，让别人喜欢你、接受你，这是建立人脉的基础。

1. 声誉为王

凡事都是你的声誉抢先一步，如果你的声誉受人景仰，那么在你决定做某事之前，或许只要一句话，大量的工作都已经为你完成了。

维护声誉比取得声誉更难

你的人脉基础是建立在好名声上的。名誉是人脉的基石，单单通过名誉，你就能赢得丰富的人脉资源和他人的尊敬；名誉一旦被败坏，面对来自四面八方的攻击，你将变得毫无还手之力。

为了让名誉无懈可击，你永远要警惕潜在的攻击，防患于未然；你必须表现得像是完美典范，绝不可以沾惹上任何错误和肮脏的行为。要记住，维护声誉比取得声誉要难得多。

佩里耶公司是上世纪世界著名的瓶装水公司。20世纪90年代，

《财富》杂志就将佩里耶公司评为美国最佳的六大公司之一，该刊的评论是："对于这些公司，你不用怀疑它们的未来，它们的股票一直是最抢手的。"

1989年，作为佩里耶美国公司的总裁，43岁的罗纳德·戴维斯完全应该对自己的经营成就深感欣慰和自豪。在他任职的十年中，佩里耶在美国的零售额由4000万美元升至8亿美元，约占公司在全世界销售总量的25%。他同样引以为豪的是，公司被《财富》杂志评为美国最佳的六大公司之一。公司主要经营两方面的业务，两种都是瓶装水，一种是带气泡的，以一种广为人知的绿瓶包装。通过戴维斯的努力，这种饮料以一种法国神秘产品的姿态，几乎替代了其他的饮料和含酒精的饮品。另一种不带气泡，实质上是自来水的替代品，这种产品也是瓶装的，一般用于家庭和办公室饮用。佩里耶公司的饮料主要运往饭店和酒吧。戴维斯十分强调服务质量问题。

尽管瓶装水的价格要比自来水高出300~1200倍，但它在饮料行业中发展得最为迅速。佩里耶的瓶装水占美国市场的24%，几乎是进口瓶装水销量的一半。尽管这个份额因竞争者的加入而减少，但佩里耶在市场上仍遥遥领先。20世纪80年代，有20多家公司试图进入这个市场，但都没能取得成功，其中也包括可口可乐、百事可乐之类的大集团。当时，戴维斯更致力于增加产品种类，将产品商标的形象从精致变为健康，从而赢得更大的市场。

戴维斯于1990年年初制订公司五年计划时认为，公司不需要作出很大的战略计划，而是需要一些灵活性的计划。正当戴维斯对自己的计划信心满满之时，他得到了一个令人震惊的消息，公司出售的瓶装水中含有苯这种致癌物质。当天，他立即命令取消公司在北美的所有瓶装水销售。位于法国公司总部的官员很快作出了反应，他们解释说造成这一事件的原因是公司的一个员工误用了含苯的洗涤剂清洗生产线上的瓶装水设备，而这些瓶装水刚好运往北美。公司总部的总经理当即承诺这一设备在当周末就会被清洗。但戴维斯又召开新的会议，宣布佩里耶公司停止2~3个月在市场销售瓶装水。几天以后，噩耗又一次降临，佩里耶公司在荷兰和丹麦的产品中也发现有苯。总部决定停止公司在全世界的产品销售，并声明，近几个月来，公司的所有生产线均受到少量含苯物质的污染。

佩里耶公司的官员们在巴黎召开了紧急会议，第一次声明佩里耶的产品中含少量苯是自然的现象，问题出在工人忘了装上苯的过滤器。总公司总裁吉姆进一步表示，佩里耶公司的瓶装水中含有几种气体，其中一种就是苯，但是这种气体必须被过滤出去。这样，以前认为水污染是由于某雇员误用含苯的洗涤剂清洗机器的说法站不住脚了。

无论什么时候你都应该记住：那些不懂得珍惜名誉的人，是世界上最愚蠢的人。莎士比亚曾说："无瑕的名誉是世间最纯粹的珍宝。失去了名誉，人类不过是一些镀金的粪土，染色的泥块。"

名誉决定成败。对于企业来讲，一个辛辛苦苦建立起来的品牌或企业形象，可能因为自身的失误而转眼间被毁掉。对于个人来讲，没有比个人名誉和形象更值得你去好好珍惜的了。

作为20世纪最具实力的瓶装水龙头厂商佩里耶公司之所以会出现这种情况，是佩里耶的知名度和公司形象已遭到了损害。佩里耶瓶装水一直以天然、纯净闻名并广为消费者接受，然而，苯污染事件已使这一声誉消失殆尽。此事件发生后，美国的食品药物部门立即取消佩里耶标签上"天然"的标志。在强大的新闻舆论的压力下，佩里耶公司不得不承认它的汽水并不是完全纯净的。另外，佩里耶总部对事故的两次自相矛盾的解释，使公司以前建立起来的形象毁于一旦。同时，公司高层管理者对此满不在乎的态度，也被几家很有影响力的出版物公之于众。在公司所出现的问题可能对消费者生命造成威胁时，其领导表现出如此态度，只能更加引起公众的愤慨。佩里耶公司被认为不诚实、愚弄公众以及对公众的生命安全不负责，其企业形象已被完全毁坏。

通过分析佩里耶苯污染事件，我们应该得出这样的结论：任何人都要时时刻刻、处处保护自己的名誉。名誉拥有魔法般的力量，魔棒一挥，你的力量就加倍。名誉一旦失去，你将彻底陷入可怕的两难境地，因为任何人都不愿意与一个没有好名声的人交朋友。你的人脉资源是否雄厚，完全仰赖你的声誉而定。你的所作所为、一言一行都会影响到你的名声。

在这方面，富兰克林无疑是我们所有人的榜样，他不但立志去改正自己的过失，并时时注意让别人认识他的作为。他说："我要在大众中博得声誉，我得时常留意自己。我不但要真实、勤奋、俭朴，更要尽力避免任何不利于树立自己正面形象的言行举止。我待人接物，从没逾越正常交往的范围。时间一久，别人都认为我是一个既勤俭，又有上进心的青年。因此，要求与我进行业务上联系的人也越来越多。于是，我的事业发展得一帆风顺。"

富兰克林用这种方法，很巧妙地提升了自己的人脉资源。由此可见，能干、聪明的人，知道荣誉的获得，是不能凭空而生的。

星巴克CEO吉姆·唐纳德曾在沃尔玛管理食品业务长达五年，在其谈到对于企业声誉的管理时，他认为沃尔玛与星巴克差别很大。沃尔玛作为全球最大的上市公司之一，也成为最容易被攻击的靶子。它由于歧视女性和迫使员工加班等诸多原因，屡屡被告上法庭。星巴克却截然相反，它帮助扩大了其周边商铺客流量、带动了店铺周围和所在城镇的商业气氛，赢得了人们的赞誉。

另外还有今天的安利集团。无论在美国还是中国，无论在阿根廷大草原还是斯堪的纳维亚深峡海湾，提起安利，人们想到的不是一个形象代言人、一句口号、一些规章、一种理念，而是真诚、信誉和高品质。这是全体安利营销人员通过40多年的时间，锲而不舍，精心打造的品牌形象。回顾40多年的创业史，没有创办人杰·温安格与理查·狄维士以及后来所有致力于安利事业的营销人员持之以恒的付出，就没有今天良好的企业声誉。他们以自律的行为、规范的经营以及执著和努力为所有企业树立了表率。

其实，不管是政界还是商界，团队还是个人的丑闻，两者在杀伤力上存在惊人的相似。一旦丑闻曝光，受损的不仅是声誉，更为严重的是，你将用很长的时间去修复他人对你的信任，结果还未必圆满。

成功大部分来自过去的名誉

你的成功大部分是由你过去的胜利决定的，例如基辛格在外交上大部分的成就是仰赖他抚平歧异的声誉；没有人希望被看成那么不可理喻，连基辛格都无法说动他。所以一旦基辛格的名字涉入协谈中，一份和平协定似乎就是既成的事实。

罗马城不是一天建成的。同样，名誉也不是。要想增加自己的人脉资源，一开始，你必须努力建立起拥有某项杰出特质的声誉，无论是慷慨大度、诚实无欺或是机智百出，这项特质让你有别于他人，令他人乐于谈论你，将你的声誉越谈越响亮；不过做法要高明，注意声誉要慢慢建立，而且必须打下坚实基础。

美国的派克钢笔公司是世界闻名的跨国公司。它创建于1886年，经过100年的发展，它在世界各地设有12家分公司，有120多个销售商和独家经销商，产品畅销154个国家和地区。但是，自20世纪80年代以来，派克公司却连年亏损，以致在1985年2月被收购。

1982年，派克公司新任总经理詹姆斯·彼得森在对公司改革过程中犯了一个严重错误，使派克公司走向衰落。过去，派克公司以生产优质、高档的钢笔而享誉世界，派克金笔曾被许多人用来显示自己的身份、气度不凡。20世纪80年代初，美国克劳斯钢笔公司向派克公司发起进攻，大量生产新型高档钢笔，派克公司面临着挑战。1982年彼得森上任后，不是把主要精力放在改进派克笔的款式和质量上，以巩固已有的高档品市场，而是热衷于转轨和经营每支售价在三美元以下的钢笔，争夺低档钢笔市场。结果，派克公司的产品形象受到严重损害，许多失望的消费者转而购买克劳斯等公司生产的高档钢笔。而派克公司开拓生产的廉价钢笔一方面因无法适应消费者的需求特点，不能吸引新的消费者，另一方面遭到了低档钢笔生产企业的顽强抵抗。在这种情况下，派克公司完全丧失了竞争优势，销量每况愈下，高档笔市场的占有率下降到17%，销售量只及克劳斯公司的50%，亏损日益增加，以致到了1984年，亏损额竟高达500万美元。

派克公司是一家拥有百年历史的奢侈品制造企业，其著名品牌派克笔因优质、高价而成为人们心目中身份和地位的象征，已形成一个相对稳定不变的形象。当人们购买派克笔时，不仅购买了书写工具，也获得了一种身份和地位的标志，派克笔在人们心中不仅仅作为笔而存在，它已经具有了更多的象征意义。这样一种品牌形象的建立，是一个优胜劣汰、历尽艰辛的过程。然而，当派克笔企图争取低档钢笔市场时，其百年营造的尊贵形象也因此失去原有的价值，最终落个被人收购的下场。

每一个人都会有自己特有的形象，一个没有固定的、独特的形象的人，是绝不会在公众心里留下深刻和不可磨灭的印象的。当你开始被周围的人广泛接受时，你的名誉与形象已经成为一种符号和象征。人们只要见到你，就会联想到你身上所有的优秀特质，同时也愿意与你成为朋友。你应以诚实公正为本，无时无刻都要注意自己良好的公众形象。一个人良好的公众形象必须是符合道德的形象。如果周围的人发现你有不道德的行为，你的良好形象就会遭到破坏。

历史和现实的经验告诉我们：一个人，一个小团队的力量毕竟是有限的，靠单打独斗是做不成大事情的，一个人，一个团队想做更大的事情，做更多的事情，就需要靠个人和团队的形象去整合和综合利用更多的资源。当你加入一个集体，你便不是一个人在孤军奋战，而是代表一个团队。你的团队是一支拥有完美形象的仁义之师，还是一支声名狼藉的恶名团队，都决定着你事业的成败。

如何建立自己的名誉

在社交领域里，外貌几乎是我们所有判断的基准，这是你绝对不能忽视的事实。除此之外，一句失言、笨拙的举止或是外貌的突然改变，都有可能给你造成灾难，这就是为什么要建立并且维护自己的声誉的重要原因。在以貌取人的危险游戏中，声誉可以引开别人探测的眼光，引来更多人愿意靠近你，为你赢得更多的人脉，并且给予你一定程度的力量，让你立足于强而有力的位置。

名誉是要用心经营与维护的珍贵资产。尤其在你开始建立名声时，一定要坚定护卫，预期到四面八方的攻击。一旦名声巩固了，不要因为别人的中伤而恼怒，或是采取防卫姿态；这样只会显出不安全感，而不是对自己的声誉充满信心。你应该采取高姿态，绝对不要表现出拼命自我防卫的激烈言行。

另一方面，攻击声誉是有力的武器，尤其在你处于弱势的时候。在这样的战役中，攻击你的人可能失去的比你更多。然而运用这套策略时必须很有技巧，你不能看起来像是气量狭小在进行报复。如果你不能灵巧地破坏敌人的声誉，你就会不慎毁了自己的名声。

首先，你要建立一个健康乐观积极的形象，在这个形象的基础上开始建立自己的名誉，并让其建立在一项货真价实的特质上，这项特质可以是热情、效率、魅力或乐观，总之是一切积极向上的因素，让这项单一特质成为一张名片，宣告你的出席。

美国的名人培尔特就是一个典型的例子，别人在评价他时总会这样描述："培尔特用勤劳、智慧在众人心目中建立了一个笃诚和守信的形象，正是由于这种好名声，人们十分愿意与他交往，结果他获得了巨大的成功。"

《敏拉波尼》杂志的出版人琼斯也曾用过一种很好的技巧，为自己树立起了良好的声誉，结果由一个普通的职员升为一家报馆的主人。

琼斯在还是一名普通职员的时候，便开始向一家银行借贷，当时的数额非常小，只有50美元，其实他并不真的急需钱用。他说："我之所以借钱，是为了树立我的声誉，其实我根本就没有动过这笔借款。当借期一到，我便立即将这50元钱还给了银行，几次以后，我便得到了这家银行的信任，借给我的数目也渐渐大了起来。最后一次借款的数值是2000美元。这次我用它去发展我的业务。"

"后来我计划出版一份商业方面的报纸，但办报需要一定的经济基础，我估算了一下，起码需要1.5万美元，而我手头上总共才不过5000美元，于是，我再次到那家银行，也再次去找那位每次借给我钱的职员，当我将我的计划原原本本地告诉他以后，他愿意借给我1万美元。不过，他要我与银行的经理洽谈一下。最后，这位经理同意如数借给我1万美元，他还说：'我虽然对琼斯先生不太熟悉，不过我注意到，多年来琼斯先生一直向我们借款，并且每次都按时还清。'"琼斯正是获得了众人的信任，铸就了自己的信誉。

其实，不论你采取何种方法来建立自己的名誉，笃诚、守信及勤劳是最根本的要诀。如果说实现自己许下的诺言是负责任的表现的话，那么同样，别人遵守诺言也是诚实、负责的表现。

承诺的力量是强大的。遵守并实现你的承诺会使你在困难的时候得到他人的真正帮助，会使你在孤独的时候得到友情的温暖，因为你信守诺言，诚实可靠的形象推销了你自己，你便会在事业上获得成功。

要记住，如果你已经玷污了你的声誉，你就很难再建立新的声誉。在这种情况下，明智的做法是结交形象与你相冲突的人，利用他们的良好声誉来漂白以及提升你的名誉。19世纪美国企业界的狠角色长久以来无法摆脱他们残酷无情、心性鄙吝的名声。直到他们开始收集艺术品，投资艺术界，摩根与弗立克的名号便与达·芬奇等多位知名艺术家连在一起，从而改变了他们令人厌恶的形象。

永远不要损坏他人的名誉

损害他人的名誉并不会给自己增添任何光彩，反而得不偿失。爱迪生被推崇为利用电力的开山祖师，他认为可以运作的系统必须是以直流电为基础。当塞尔维亚科学家特斯拉似乎成功地创造出一套以交流电为基础的系统时，爱迪生大为光火，他决定毁掉特斯拉的声誉，让公众相信交流电系统先天就不安全，特斯拉推动这套系统是不负责任的行为。

为了达到目的，他捕捉了各式各样的家庭宠物，以交流电将它们电击而死；但这样做还不足以达到目的，1890年，他让纽约狱政当局，利用交流电执行全世界第一例电击死刑，结果受刑电击的犯人只是半死不活，这样的控诉太软弱了。而且在这次或许是政府最残忍的行刑中，电击程序还必须再来一遍，那真是恐怖的景象。虽然到最后爱迪生挽回了声誉，但是在攻击特斯拉的行动中，他确实遭受到了许多人的鄙视与批评。

这则教训很简单，绝对不要损害他人的名誉，否则会引得旁观者更注意你的报复心理，而不是你中伤的目标。

当然，如果有人损害你的名誉，千万不可坐以待毙，不妨采取巴纳姆的嘲讽策略来维护自己的名声。

1841年，年轻的巴纳姆试图成为美国首屈一指的演艺大亨，于是他决定买下曼哈顿的美国博物馆，改为收藏奇珍异宝，以建立自己的名声，问题是他没有足够的资金作为本钱。博物馆开价1.5万美元，但是巴纳姆提出打动博物馆所有人的提案，希望用一堆保证人和担保来取代现金交易。馆主口头虽然答应了巴纳姆，然而到了最后一刻，主要的合伙人改变心意，将博物馆及其收藏品卖给皮尔博物馆的董事。巴纳姆大为光火，不过合伙人向他解释生意就是生意——博物馆卖给皮尔，因为皮尔有声誉，而巴纳姆没有。

巴纳姆立刻下定决心，如果他没有名誉可以仰赖的话，唯一的手段就是破坏皮尔的声誉。于是他发动攻势投书报社，称呼新买主是一群"堕落的银行董事"，根本不知道如何经营博物馆和娱乐大众；他还警告大众不要买皮尔公司的股票，因为购买新的博物馆必然会分散资产。

巴纳姆的计划效果卓著，皮尔公司的股票果然大跌，美国博物馆所有人不再对皮尔公司的过往和声誉有信心，终于取消了交易，将资产卖给了巴纳姆。

不过皮尔公司并没有忘记巴纳姆的行为，皮尔决定自己下手回击巴纳姆。他让博物馆的演出节目更具科学性，并建立起"高级娱乐"的声誉。而催眠术正是皮尔的"科学性"号召之一，一时之间吸引了大批观众，相当成功。

为了反击，巴纳姆决定再一次打击皮尔的声誉。巴纳姆也开始增加催眠表演的节目，他甚至自己上阵；表面上似乎是将一名小女孩催眠了，一旦这名女孩似乎陷入沉睡中，巴纳姆就试图催眠观众——但是无论他多么努力，没有一名观众被他的魔咒催眠，许多人开始大笑，这时看起来挫折不已的巴纳姆宣布，为了证明小女孩的昏睡状态是真的，他要在她没有知觉的情况下切断她一根手指；但在他磨刀子时，小女孩的眼睛突然张开，逃离了现场，观众大乐。他重复这场表演以及其他闹剧好几个星期，很快，没有人能严肃地看待皮尔推出的表演，入场的人潮渐渐消退了。不到几个礼拜，皮尔的催眠表演就落幕了。往后几年巴纳姆"胆大妄为"和"秀场大亨"的声誉四起，终其一生不坠；相反，皮尔家族的声誉却一蹶不振。

故事中皮尔的成功与失败，全因名誉。巴纳姆采取的仿冒催眠演出，嘲弄了皮尔的声誉，这一招极为成功。不但永久地损害了皮尔的声誉，而且还为自己建立起笃实的名望。人类是好质疑的动物，对一切捕风捉影的事情都要一探究竟。尽管谣言最终可以被识破，但疑虑总是挥之不去的，人们会质疑为什么他们要如此激烈地为自己辩护？难道谣言有一些事实根据？另一方面，如果你对谣言置之不理，人们的怀疑只会越演越烈。

当你遇到这种情况，嘲弄对手不但可以迫使他采取守势，还可以使你吸引更多的关注，提升自己的形象。在这个时候，直接的毁谤和侮辱显得太过强烈，是丑陋的做法，或许还会伤害你而非帮助你，然而文雅的嘲讽意味着你有足够强烈的自我价值感，可以拿对手当箭靶。你可以让自己表现得好像是提供大众娱乐的无辜者，其实你狠狠打击了对手的声誉。

总之，你要懂得如何建立名誉，维护声誉，这是创立百万人脉的基础。在这个艰难的过程中，你还要学会运用一些微妙的策略去维护自己的形象与名誉。

2. 以信为本

信用是人与人交往和相处的基本准则。重然诺是为人之本，守信用是民心所向，要想获得人脉，一定要以信为本，信用是无形的力量，也是无形的财富，守信是立事之本。倘若不想食言，谨慎地承诺并因时变通才是明智之举。

诚信是构建人脉的最大"本钱"

诚信是金，它不仅是生活、社会赖以存在的基础，更是构建人脉的基础。诚信是每个人都应具备的一种美德，欺骗别人等于最终欺骗自己。古人云："得黄金千斤，不如得季布一诺。"这就是一诺千金的来历。同样，在《论语》中说道："人而无信，不知其可也。"说的是诚信是做人的基础，是道德的基础。俗话说："人无信则不立"，一个人在社会上如果不讲诚信，将寸步难行。如果这个世界上没有诚信，那么所有的人都将挣扎在既没有真心朋友，也没有合作伙伴的充满猜疑与陷阱的黑暗中，更妄谈构建人脉。

犹太人有一句古老的谚语："失去诚信，钱袋子就立不住；缺少谋算，钱箱子就永远装不满。"无论做什么事情，都是需要"本钱"的，构建人脉，同样如此。一个人无论从事什么样的行业，若要取得事业成功，都有赖于良好的人际关系、广泛的社会关系网络和来自他人的帮助（包括物质帮助和精神帮助两方面）。然而，这一切的获得，都需要以信用作为投资，这就是构建人脉的成功之"本"。可以说，诚信是构建人脉的最大"本钱"。

百事可乐的总裁卡尔·威勒欧普到科罗拉多大学演讲的时候，有一个名叫杰夫的商人通过演讲会的主办者约卡尔见面谈一谈。卡尔非常爽快地答应了，但只能在演讲完后而且只有15分钟的时间。于是，杰夫就在大学礼堂的外面坐等。

卡尔兴致勃勃地为大学生们演讲，讲他的创业史，讲商业成功必须遵循的原则，不知不觉中时间已超过了与杰夫约定的见面时间，显然他已忘记了与别人的约定。正当卡尔继续兴致很高地进行演讲时，他发现一个人从礼堂外推门而入，径直朝讲台走来。那人一直走到他的面前，一言不发地放下一张名片后转身离去。卡尔拿起名片一看，背面写着："您和杰夫·荷伊在下午2点半有约在先。"

卡尔翻然醒悟。一边是需要他说服并且灌输百事可乐思想的大学生，他们是企业发展的目标甚至是动力，而另一边只是一个名不见经传向他请教的商人，但卡尔没有犹豫，他对大学生们说："谢谢大家来听我的讲演，本来我还想和大家继续探讨一些问题的，但我有一个约会，而且现在已经迟到。迟到已是对别人的不礼貌，我不能失约，所以请大家原谅，并祝大家好运。"

在雷鸣般的掌声中，卡尔快步走出礼堂，他在外面找到了正在等他的杰夫，向他致歉之后，便又滔滔不绝地告诉了杰夫他所想要知道的一切。结果，原来定好15分钟时间但他们一直交谈了30分钟，后来杰夫成了一名成功的商人。

卡尔·威勒欧普的处世方法告诉我们，不论你的目标多么伟大，或者有多少伟大的事业等着你去做，你都一定要先遵守自己的承诺并且做好它，因为要想打造自己的人脉，最首要的秘诀就是诚信。

当然，一个人可以合法地，或是以某种诡计来规避承诺，甚至不去遵守任何一种承诺——经济上的、工作上的或是所有的。但是，不遵守诺言会造成很多的问题——失去别人对你的尊敬，减少我们获得更多美好事物和更多朋友的机会。

没有人会去羡慕或尊敬一个破坏诺言的人。如果他人有了你的承诺，就把全部希望寄托在你的身上，不再另寻其他门径，而你又没有能力把别人委托的事情办好，自己也没有面子，岂不是既坑了人家又害了自己？

苏联作家班台莱耶夫曾写过一篇叫《诺言》的小说。讲的是一个七八岁的少年，在公园里同几个比他大的小学生一起玩打仗的游戏。一个小学生对这个孩子说："你是中士，这里是我们的火药库，我以元帅的名义命令你在这里站岗，没有我的命令不能离开岗位。"小孩子非常郑重地点头表示遵命，规规矩矩地站在那里，一动不动坚守岗位。天黑了，公园要关门下班了，"元帅"还没出现，"中士"又饥又怕，只是因为有诺言在先，才不肯撤离岗位。幸亏有人找到一位从此地路过的少校军官。少校军官对那孩子说："中士，我命令你离开岗位！"孩子听到命令后，才高兴地说："是，少校，遵命！"

这个故事叫《诺言》，事实上它也确实反映了"诺言"在孩子心目中的严肃和神圣。在这些不谙世事的孩子身上，我们可以看到一种为人的可贵品质，那就是以信为本，一诺千金。说起来，很多见多识广的成年人，在这个天真幼稚的孩子面前应该感到惭愧，因为寡信轻诺、背信弃义的事都发生在成人的世界里。

用诚信打造商业化的人脉资源

在今天这个经济化的时代，"商业化的人脉资源"已经越来越凸显出其重要性，以诚待人才能积累为你所用的人脉资源，建立庞大的人脉宝库已经成为一种市场竞争力，蕴涵无限的商机与可能性。

对于企业而言，谁能在市场竞争中旗开得胜，关键在于企业的诚信度及其人脉资源的多少；对于个人，也是如此。建立诚信的人脉宝库会让你在职场上呼风唤雨。其实，无论是企业，还是个人，要想获取消费者或朋友的信任和拥护，就必须向人们兑现自己的诺言，说到做到，不推诿蒙骗，这样才能建立自己的威信，才有自己的号召力。倘若说的是一套，做的又是另一套，就会不得民心，得不到民众的支持和拥戴，其结果必然是离心背德、众叛亲离。

建立诚信的人脉资源库一定要以诚信社交的"先友后商"理念为前提。这里要特别指出，诚信度需要个人平时的积累，时时处处都要注意给自己树立良好的信誉，只有这样当你遇到危难才会有人愿意帮你渡过难关。

这里需要强调的是，任何企业、任何人在任何时代都需要坚持的价值观念，就是坚持诚信。这是企业保持成功的永恒不变的商业铁律，更是个人构建人脉资源的王道。

美国通用电气公司曾经是世界上最受赞许的公司，连续五年成为《财富》杂志推选的"全美最受推崇的公司"，并被《金融时报》推选为"全球最受尊敬的公司"。

在仔细阅读了美国通用电气公司2001年年报后，确实能够对美国通用电气公司的发展战略和价值观有一个很全面清晰的了解，从其CEO杰克·韦尔奇的自传和演讲材料中，我们都可以感受到作为全球第一CEO的企业家的远见卓识，以及与GE长期凝练的理念、价值观、公司精神的和谐呼应。

当时美国通用电气公司的年报这样写道："过渡的时期是一个变化的时期，我们的一些价值观会有所改变，以适应未来的情况变化。但是，有一个价值观不会改变：那就是我们坚持的诚信，这意味着除了要把事情做得正确，还要永远做正确的事情。"

杰克·韦尔奇在自传中也表示：我们公司和员工最关注的就是"诚信"。常常有人问"在GE你最担心什么？""什么事会使你彻夜不眠？"其实并不是GE的业务使我担心，而是有什么人做了从法律上看非常愚蠢的事而给公司的声誉带来污点并把他们自己和他们的家庭毁于一旦。我们绝对在诚信上不可有任何的松懈。"诚信"讲得再多也不够。诚信不仅仅是法律术语，更是广泛的原则，它是指导我们行为的一套价值观——指导我们去做正确的事情，而不仅仅是合法的事情。

美国哈佛管理学院的特德·维特教授在《市场学遐想》一书中说："所有的力量都应用于满足顾客……企业的目的就是要吸引和保住顾客，或者说就是创造和保住顾客。"自古以来，我国商业界便有一句众所周知的俗语："诚招天下客，誉从信中来。"如果说热情周到的服务是吸引顾客的重要手段的话，"诚信"二字则是保住顾客的不二法门。

信誉不仅是一个企业的最大的资本，也是一个人的最大资本。凡是成功的人，无不把诚信看做是自己的无形资产和取之不尽的潜力，是真正的无价之宝。一个诚信的人，不但受到周围的人欢迎，而且还可以吸引更多的人愿意与之进行合作。有诚信的人，由于时时为他人着想，处处替他人打算，别人自然就乐于与之成为朋友。相反，那些不讲诚信的人，即便侥幸苟且一时，最终将成为自己行为的牺牲品。

济阳有个商人过河时突遇沉船，他大声呼救。有个渔夫闻声而至。商人急忙喊："我是济阳最大的富翁，你若能救我，给你100两金子。"待被救上岸后，商人却翻脸不认账了。他只给了渔夫十两金子。渔夫责怪他不守信，出尔反尔。富翁说："你一个渔夫，一生都挣不了几个钱，突然得十两金子还不满足吗？"渔夫只得怏怏而去。不料，这个富翁又一次在原地翻船。有人欲救，那个曾被他骗过的渔夫说："他就是那个说话不算数的人！"就这样，这个富翁被淹死了。商人两次翻船而遇同一渔夫是偶然的，但商人的不得好报却是在意料之中的。因为一个人若不守信，便会失去别人对他的信任。所以，一旦他处于困境，便没有人再愿意出手相救。失信于人者，一旦遭难，也只有坐以待毙了。

用诚信维护信誉，打造人脉

对任何人来说，能否赢得众人对自身的信赖与肯定，即建立起良好、稳固的信誉，乃是建立人脉至关重要的因素所在。所有力求自己的事业有所发展的人，都应坚持诚信，并珍惜自己的名誉，把它视为自己事业的生命。因此，许多经营者为维护自己的信誉，总是不惜一切代价地去保护它，使之不受到玷污和影响。

如果你想自己的事业得到发展和壮大，就必须学会严守诺言，即使有天大的困难，有天大的损失，也要想尽一切办法，用尽一切力量去严守诺言。如果你一旦违背了自己的诺言，就会失去所有同行和所有顾客的信任，顷刻之间毁掉自己的事业。只有那些严守诺言和信誉的人，事业才会一帆风顺，蒸蒸日上。

美国亨利食品加工公司总经理亨利·霍金斯在一次偶然的机会中发现，包括自己公司在内的所有美国食品生产商用来对食品起保鲜作用的添加剂中含有有害成分，顾客长期食用会有害于身体。他不顾同行的威胁与反对，毅然地向社会呼吁：防腐剂对人体有害，应严禁购买和继续加工含有防腐剂的食品。亨利整整呼吁了四年之久，他自己的公司也因此而一度濒临倒闭。但他勇于维护广大消费者利益的行为，不仅得到了政府的嘉奖和支持，同时也使他和他的公司的名声传遍了千家万户。不久以后，亨利公司生产的不含防腐剂的食品也因此而成为当时市场上供不应求的紧俏食品，他从此登上了美国食品大王的宝座。

正如前面所讲，信誉并非一种虚名，而是关系到一个企业能否生存与发展的重要因素，是企业成功不可缺少的重要条件，是经济效益的重要源泉。作为一个经营者，千万不要忘记：无论在什么时间、什么情况下，信誉都是第一位的。

古人云："原浊者流不清，行不信者名必耗。"这句话的意思是，不讲信用的人，一定会丧失名声。作为一个经营者，要时刻把信誉放在第一位，不仅要重视产品信誉的价值，而且更要重视经营管理者自身信誉的价值，重视经营管理者自身信誉所产生的潜移默化的作用。只有这样，企业的兴旺发达才会指日可待。

"以信为本"的确是一本万利，生意不是做一次就完了，而要从长计议。作为经营者，对每一位顾客都要做到信用第一，用信用来增进与顾客的感情。只有保持信用，维持商誉，生意才会越做越兴隆。要想扩展人脉，一定要诚心对待每一个人，不仅要做到言而有信，还要三思而后言。凡是合理的要求，自己又有把握办成的事，就应该答应去办，即使有一定的难度，自己也应努力去争取。而一旦承诺，就要力争实现，不能"干打雷，不下雨"，无特殊情况也不能中途变卦或不了了之，真正做到"一言既出，驷马难追"。而对于尽管合理自己却没有把握办成的事，许诺时应该留有余地，不要逞一时之能。

3. 永远传递好消息

所有人都喜欢听好消息，至于坏消息留给别人去说。因为人们喜欢传播快乐的人，而对时常悲观，传播不乐观态度的人越来越厌烦。

悲观的心理阻碍人脉资源的养成

如果你想要扩展人脉，培养人脉，最先需要改变的就是那些不利于经营人脉的人格与心理，主要包括：悲观、自卑、怯懦、逆反、虚荣、短视、冷漠等等。这些心态，即使你只有一点点，也都不利于人脉资源的养成。

你时刻都要记住，往往只有优秀的人才拥有有效的人脉。如果你是一个优秀的人、有价值的人，那么就会有很多另外优秀的人、有价值的人为你提供帮助。

如果你生性自卑、怯懦、悲观，缺乏自信，办事无胆量，畏首畏尾，随声附和，没有自己的主见。这种心理不仅不能积极挖掘自己的价值，大胆传播自己的价值，并且很难让"贵人"发现你的价值。哪怕你只有轻微的"社交恐惧"，也有可能被别人轻易地观察出来，大大影响别人对你的"印象评分"。

凡是优秀的人都有着积极思考、自信、守信、分享、对别人有好奇心、本能地关心每一个人、乐群性等性格。人们都喜欢和积极、乐观的人交朋友，没有人喜欢和思想消极、终日抱怨的人在一起。积极、乐观的人，他们身上好像总在向外界辐射着强大的"能量"，人们会不由自主地受到他们的吸引。而和他们一起共事，任何困难都不能使他们退缩，他们总能鼓舞起大家乐观、向上的情绪，毫无疑问，这样的人是最佳的合作伙伴，不仅是你应争相结识的"重要人脉"，同时也应努力让自己变成这样的人。

1768—1774年的第四次俄土战争结束之后，土耳其被迫与俄国签订了《库楚克－凯纳吉条约》，俄国从土耳其手中夺取了黑海以北大片领土，从此获得了通往黑海的重要海口。1787年，在瑞典的支持下，土耳其要求俄国归还克里米亚，承认格鲁吉亚为土耳其属地。但俄国拒绝了土耳其的要求，土耳其遂出动军队对俄重新开战。战争爆发后，俄国与奥地利结盟，先后在金布恩、奥恰可夫、福克尼沙和雷姆尼重创土耳其军队，直逼土耳其在多瑙河的最后一个堡垒伊兹梅尔要塞。

伊兹梅尔要塞位于多瑙河右岸，控制着多瑙河下游，战略地位极为重要。该要塞壁垒森严，壕沟环绕，大有"一夫当关，万夫莫开"之势。驻守伊兹梅尔要塞的土军共有35000人，装备有300门火炮。俄军攻城兵力为31000名步骑兵，600多门火炮和200余艘小型舰艇。

1790年10月，俄军向伊兹梅尔发起进攻，土军凭借多瑙河天然屏障和坚固的城堡顽强抵抗。战至11月，俄军数次进攻均告失利，转而围困该城，但城内土军弹药和粮食充足，俄军围困多日仍一无所获。俄军总司令波将金元帅在一筹莫展之际终于想到了一个可以担此重任的人,他就是亚历山大·瓦西里耶维奇·苏沃洛夫中将。

到任伊始,亚历山大·瓦西里耶维奇·苏沃洛夫立即着手组织俄军进行突击训练。他仿照伊兹梅尔堡的样子在城堡附近的布斯罗克镇建造了一个土围,每天夜里让士兵一批接一批练习攻城动作,并下令从速制造填塞壕沟的用具以及攀登城墙用的梯子,白天则亲自带领士兵练习白刃战。同时,为了迷惑土耳其军队,俄军表面上仍在进行长期围困准备。

1790年12月22日凌晨3时,俄军在夜幕和浓雾掩护下秘密接近伊兹梅尔城墙。5时30分,特鲁巴耶夫高地上空升起三枚绿色的信号弹,俄军在地面火炮和舰队的支援下,兵分三路同时对伊兹梅尔发起了总攻。俄军冒着土耳其守军的猛烈炮火,冲过壕沟,架起云梯,迅速爬上城头,双方进行了凶猛的白刃战,土军也拼死抵抗,寸土不让。激战到早上8时,伊兹梅尔的外城墙终于被俄军攻破,土耳其人退到城内,负隅顽抗,又经过8小时激烈的巷战,到下午16时俄军终于彻底攻克了伊兹梅尔。

此役,俄军以4000人战死,6000人受伤的代价,击毙土耳其守军26000人(其中包括城防司令迈哈迈德将军),俘虏9000人(其中包括伤兵),缴获了30艘战船,245门火炮和大量装备。只有一名土耳其士兵逃出了城堡,游过了多瑙河,可当这个土耳其军队唯一一名幸存者将伊兹梅尔失陷的消息带给苏丹时,却被恼羞成怒的苏丹下令斩首。

"带来坏消息的信使会被国王砍头的",这是一句俗语,却包含真理。你必须时刻都应保持警惕,以确保传送坏消息的命运落在别人身上,绝对不要由你出面,永远只带来好消息,如此你的到来就会令他人高兴不已。

据野史记载,中亚古国花剌子模有一种古怪的风俗,凡是给君王带来好消息的信使，就会得到提升，给君王带来坏消息的人则会被送去喂老虎。于是将帅出征在外，凡麾下将士有功，就派他们给君王送去好消息，以使他们得到提升；有罪，则派去送坏消息，顺便给国王的老虎送去食物。花剌子模是否真有这种风俗并不重要，重要的是这个故事所具有的说明意义，对它可以举一反三。敏锐的读者马上就能发现，花剌子模的君王以奖励带来好消息的人来鼓励好消息的到来，而以处死带来坏消息的人来根绝坏消息，这说明只有带来好消息的人才会处处受欢迎。

我们的所作所为，一言一行都源于我们的性格。如果我们的性格是健康的，那么我们的言语、微笑、气色及态度便能散播传递出一种好的状态。

而当你将那些不好的消息告诉给别人时，你会发现从你的口中得知坏消息的人会开始厌烦你，甚至会把你当成带来厄运的使者，从而远离你，这无疑将会有损于你的人脉。

我们对生命的爱是会由身体的每个部分传达出来的。如果你对自己口中说出的事物加以留意，你将会很快地知道自己内在存在着什么。如果你的内在不健康，那么出自你口中及身体的事物也会同样有病。

当你的言语是病态时，就说明你的性格已经生病了，虽然你可能没看到身体有任何病征，但事实上它的确存在，而且终究会显现出来。你的身体所排放及排泄出来的东西，将会告诉你许多关于你自己内部健康状况的信息，而由你身体——特别是由你口中——而出的事物，对别人具有深刻的影响。

留心你所吞下的是什么，把什么接受到你的脑中，以及把什么放在心上。当你将所摄取的任何事物回吐出来的时候，会对自己及公共健康有所影响。你可以散布毒素和疾病，你也可以促进痊愈，全看你所摄取（及排出）的是毒素抑或治疗媒介了。

不论你在过去摄取了些什么，都应以健康的方式消化掉。这样从你口中吐出的事物就是健康有益的。对于每个人来说，结交一个气度恢弘，时刻把快乐传递给他们的人，要比结交一个忧郁悲观，时刻把噩耗感染给他们的人划算得多。因为所有的人都喜欢听见沁人心脾的好消息，并对传递好消息的人倍加关爱！

乐观的奖赏

法国唯物主义有种观点，人在本质上是趋利避害的。人追逐的不仅是一种物质利益，还有精神的享受，哪里有阳光和美丽，人们就会向着那个方向去。在工作中如果你每天都能给人一张有朝气、活泼的脸，在与人答话时语调够热情，工作就算不怎么出色，你也会很快得到提升！

日本有一个叫清水龟之助的邮递员，把邮差这份收入低微而辛苦的工作视为一生的事业，执著地干了25年。人们非常喜欢他，因为他每天都很快乐，人们从他手中接到信件和报刊时也得到一份他带来的由衷的快乐。日本有一项国家级奖项叫"终生成就奖"，以往得到这个奖项的大都是"社会精英"，但有一年，政府却将其颁给了清水龟之助。

有人对一个邮差获此大奖感到不解，但在了解清水龟之助的事迹后，他们改变了看法。不少人认为，经济界人士给公众带来了富裕，而清水龟之助则给公众带来了快乐，而快乐是无法用金钱购买的。

在一次访谈中，记者问清水龟之助为什么会这样快乐地干一份如此枯燥的工作，清水龟之助讲了一个故事：一个孩子随母亲到寺院进香，看到方丈在洗桃子，孩子站定了不想离开，方丈便把洗好的桃子递给孩子，但孩子的母亲不让孩子伸手，并对方丈说："师父，还是自己留着吧，这桃子若是给了他，您就少了一个。"方丈听后哈哈大笑："我少吃一个桃子没关系，但多了一个人吃桃子的快乐。"清水龟之助说，那个孩子就是他自己。从此以后，他就知道快乐是可以互相传递的。当他因生活所迫成为邮差时，最初很苦闷，但他不愿意把苦恼传递给别人，因此在工作时始终保持着微笑。他看到那么多人在接到信件时露出微笑，那份快乐又传递给了自己，他觉得自己的工作很有意义。访谈播出后，那段精彩的对话得到的是好评如潮。后来，人们将他称为"传递快乐的人"。

世界第一个亿万富豪约翰·戴维森·洛克菲勒在年轻的时候拒绝同两种人交往：第一种人是那些完全屈服并安于现状的人，他们只会为命运坐下来哀号，他们从来不欣赏自己，也从来不把自己看成是更有分量、更有价值的人，消极占据了他们的内心，他们也失去了全力以赴的冲动和自我激励的功能；第二种人是不能将挑战进行到底的人，他们曾经也胸怀大志，也努力过、奋斗过，但经过一段时间后，随着工作阻力的增加，为更上一层楼需要付出更多努力的时候，他们就会觉得这样下去实在不值得，因而放弃继续努力，变得自暴自弃。他们因担心失败、担心失去大家的认同和已有的东西、担心发生意外而恐惧不已，他们并不满足，却已投降，他们会自我解嘲："我们比一般人赚得多，生活也比一般人过得好，干吗不知足，还要冒险呢？"

上面两种人的思想有一种极易传染人的共同的毒素，那就是：消极。我们要牢牢地记住约翰·戴维森·洛克菲勒的这句话："说自己办不到的人，都是无法成功的人。"

消极的人是我们生命中的恶人。他们自知不行，却硬要挡住我们上进的路，阻止我们更上一层楼。我们力争上游的时候，他们就来嘲笑我们甚至恐吓我们。我们有点起色的时候，他们便心生忌妒，就来捉弄我们、难堪我们。我们刚刚整理好心情、迈开坚实的步子，他们就想把我们拖下水，他们自己无所作为，却想让我们也一事无成。所以我们要远离那些消极的人，防范他们摧毁我们的意志、破坏我们的计划、阻碍我们迈向成功的脚步。

任何时候，我们都要与成功者为伍，向成功者学习；向失败者和长舌妇求教，就像请求庸医治疗绝症一样可笑。做一个乐观快乐的人，当你把快乐传递给其他人时，说明你已经走出成功扩展人脉的第一步了。快乐是会传染的，而人人都渴望快乐，如果你能通过你的表情、你的声音来向别人展现你的快乐、你的朝气与自信，自然或不自然的，别人也会跟着快乐起来，这个时候，你就像一个发光点，在向你的周遭传递光和热，别人都会被你的光和热所吸引。当你成为别人眼中的焦点或是别人愿意接近的对象时，你的群众认可度就上升了，有机会时，别人就会想到你，提升自然就快；而当你所在的那个"光圈"越来越大时，你就扩充了你最可贵的人脉。

4. 结交小人物，打造一视同仁的好名声

任何人都值得你去交往，千万不可忽视那些小人物。小卒一旦过河得势，车马未必能挡。小人物往往可以助你成就大事，其作用伟人圣贤亦难敌。所以，绝不可忽视你身边的小人物，借助与他们的交往来打造一视同仁的好名声，会给你带来旺盛的人脉，使你赢得更多人的崇敬。

小人物绝对值得你去与之交往

生活中，我们经常会忽视那些眼下看来并非重要或是在特定环境里与自己毫不相干的人。事实上，我们不能对任何人先下判断。每一个人

在人生不同的成长阶段都有成就自己的可能。如果在我们有求于人的时候才想起去联络他人，那实现愿望的概率就会极小。

培养人脉应当养成随时发现潜在客户的习惯并致力于一生友谊的构建。人人都有可能成为某种商品或是服务的受用者，因此，客户就在你身边。我们认识形形色色的人——从上层名流到普通百姓，关键之处是要"一视同仁"。记住他们的名字，记住他们的爱好，不管他们的地位如何。即使在外用餐，你也要知道是谁在给你端茶送水，你要对每一个人都很友善。

千万不要忽视你身边的那些小人物。这里涉及一个领导者如何处理与下属关系问题，任何一名上司，总免不了要对部属进行惩处，有的出于公心，有的也难免由于私仇；有的处理得当，有的也难免执法不公。受惩处的人，有的心服口服，有的则难免结下怨仇。当你官高位重、权势在手的时候，他拿你无可奈何，只好忍气吞声，但是官场波澜反覆，三十年河东，三十年河西，你不会永远得志，他也不一定终生沉沦，一旦彼此地位有所变化，当年的制人者就该受制于人了，每每便有大祸临头。怎么办好呢？一是作为领导者，你处理事情要公正，要有分寸，一旦发现有错，要及时纠正；还有一条是恩威并用，不要一味惩罚了事，还得有恩惠。

联合国秘书长潘基文拥有广阔的人际关系网，他是如何获得如此好的人脉的呢？这是源于他在与大家交往过程中，不嫌贫爱富，而是一视同仁。

潘基文没有势利眼。在他的儿时朋友中，有教授和校长，也有环保清洁工和农夫，但是他没有一次表现出瞧不起他们。潘基文的同乡朋友中，有一位是种辣椒的农夫。一次他听说这位朋友种的辣椒丰收了，潘秘书长对他说："你真是太伟大了。我真为有你这么优秀的朋友而感到自豪。"潘基文还有一位在农村学校当校长的朋友，一次他与校长通电话时，是这样说的："我只有几名职员还不能照顾好。你负责那么多老师和学生，真的太了不起了。教育是世界上最美丽的职业，我真为有你这么优秀的朋友而感到骄傲。"

不论朋友职位高低，潘基文总是一视同仁。潘基文从来不会因为对方是有势力的人，就对他特别热情，也不会傲慢无礼地对待没有势力的人。潘基文的父亲因事故去世，他儿时的朋友都来参加追悼会。潘的地位很高，所以很多领导人也来吊唁，吊唁堂里摆着的都是领导们赠送的花圈。朋友们怯场了，不知道该如何跟潘基文打招呼，他们把写有哀悼词和名字的花圈绸带都拿下去了。潘基文觉察到朋友们的心理负担，便走过去跟他们打招呼，说："哎呀，这不是我的朋友吗？我当上外交官后一直过着漂泊在外的生活。大家的红白喜事都没怎么参加。而你们却没有忘记我，今天能过来，我真的太高兴了。感谢你们没有忘记我这个连做人都没做好的朋友，真的很感谢。"

还有一次，潘基文接到升任次官的通报，本来一些人要为他摆宴庆祝。可是潘基文在青瓦台工作时某下属女职员的结婚典礼，需要他去主持仪式。潘基文怕新娘和她的家人担心他不来，于是提前了一个小时到达婚礼现场，以便让新娘和她的父母放心，这样婚礼得以顺利举行。

1962年7月到8月，时为学生的潘基文去美国参加了"青少年红十字国际考察计划及研究大会"，在此期间，潘基文在一位中学校长罗伯特·佩特森家中生活了一个星期。此后潘基文不忘感恩，时刻惦记着恩人。每逢圣诞节，潘基文都会给佩特森夫妇写信表示祝福。潘基文当上联合国秘书长后，他更没有"一阔就变脸"，而是一如既往地延续这段维持了40多年的"忘年之交"。

潘基文就是这样，对所有的人都一视同仁。他谦虚低调，身居高位不摆谱儿；细致温和，为人诚实有信义；待人接物，总是保持着微笑，散发出迷人的交际魅力。正是由于他身上所具有的好品性，他成了联合国历史上唯一被全体成员国以鼓掌的方式一致通过的秘书长。"你很难找到一个真正讨厌他的人"，这是人们对潘基文的评价。

人与人之间社会地位不平等，有的人身居高位，有的人地位卑微；有的人家财万贯，有的人一贫如洗……这一切有时也决定了彼此面子上的差别。一般情况下，处于劣势的人面子都小，与"大人物"交往心有顾忌，生怕被人瞧不起。这时，身居高位的人在自己的言行中更要小心谨慎，你的一句话、一个眼神儿、一个动作，说不定都会触及他人敏感的神经。许多成功的人深明此理，所以往往对处于下位的人特别关照，因此也就格外赢得人心。然而，让"小人物"感到自己受重视，没有被冷落，光靠热情礼貌还不够。有时还必须施展一些手段，把双方的面子扳平，使"小人物"脸上有光，这样他们会心甘情愿地帮助你。潘基文正是这样一个人，他的处世方式为人技巧，都可作为我们拓展人脉时学习的榜样。

结交小人物，即先投资后结算

金无足赤，人无完人，任何人无论多么强大都有自己薄弱的环节，所以，千万不要因为一时的恩宠而忘乎所以，以为自己是一尊打不倒的金刚，从而目中无人。许多人在处理人际关系时，常常表现为三种形式：对上级极为恭顺，以保其宠；对同僚排斥倾轧，以防争宠；对下属盛气凌人，以显其宠。

这其实是一种很不智的做法，因为这样一来势必树敌太多，使自己陷于孤立。这种人又常常只是将职位相同、权势相近的人视做对手，小心加以防范，而对职位比自己低的人往往不大放在眼里，这便是一种缺乏远见的做法，殊不知过了河的小卒还能置老将于死地，下属们造起反来往往最能击中要害。

孟尝君是战国时期齐国一位有名的公子，以轻财好施、善待宾客闻名天下，于是各国形形色色的人物都聚集到了他的门下，他所供养的食客多达数千人。这些人无论身份是贵是贱，孟尝君都一视同仁，和他们平等相处。每当有一个新的客人到来时，孟尝君总是很客气地接待他，坐在一起促膝谈心，询问客人的家中境况。这时，在屏风后有一名侍从将谈话一一记录下来。当客人刚刚离开后，孟尝君便立刻派人到来客家中去，奉送礼品，表示慰问。

一次，孟尝君招待一个客人吃晚饭，由于有人挡住了光亮，客人不知道孟尝君吃的是什么，以为比自己的好，生了气，也不等饭吃完便要告辞，孟尝君连忙站起来挽留，并将自己的饭菜端上来让客人看。客人一看，同自己的完全一样，自觉羞愧无地自容，便举剑自刎。

孟尝君这种一视同仁的态度，使得所有客人都以为孟尝君对自己最亲，人人也都想报答他。当孟尝君被秦昭王囚禁起来，并准备杀掉他时，孟尝君派人向秦昭王的宠姬求救。那位宠姬说："孟尝君要是把他那件狐白裘送给我，我就帮他的忙。"

孟尝君的确曾有一件狐白裘，一袭雪白，连一根杂色的毛都没有，价值千金，可他早已献给秦昭王，被收藏在秦宫之中，怎么才能拿出来呢？他向门下的那些食客求助，有一个人说："我能取出来。"这个人原来是一个小偷，最善于模仿狗的动作。当夜，他化装成狗，潜入秦宫，偷出了狐白裘。那位宠姬得到狐白裘后，果然在秦昭王面前说了好话，使孟尝君得以释放。

孟尝君变更姓名，连夜逃出了咸阳，后半夜到了函谷关。不料秦昭王后悔了，派人来追。这时关门紧闭，秦国有项规定，鸡叫时才许打开关门，而这时离天亮还早。前有雄关挡路，后有秦军追赶，形势十分危急。正巧在孟尝君的门客中有一个人善学鸡叫，他一声长鸣，关内关外，远近村庄的鸡也都叫了起来，守关人还以为天亮了，只好开关，孟尝君得以顺利逃出。当初孟尝君接纳这两个人时，其他的宾客都反对，羞于同这种鸡鸣狗盗之徒为伍，而等到孟尝君有难时，恰恰是这两个人帮了大忙。

按照韩非的主张，赏必须是赏有功之人；无功之人不能赏，否则，会使人心存侥幸，而懈怠了建功立业的意志和努力。而孟尝君所豢养的那几千食客，同他原来素不相识，更无功可言，可孟尝君对他们一律进行接待、关怀、馈赠。这似乎有点"无功受禄"的味道，与韩非的主张相违背。其实，孟尝君的做法更高明。这叫做"先期投资"，这会激励起那些不能或不想立功的人，也有了一种立功的愿望和能力，其效果比韩非的"后期结算"的办法更好。

有的人认为交朋友的目的就是为了"互相利用"，见到对自己有用、能给自己带来好处的朋友才交往，而对那些小人物却不理不睬。这种贪财图利、沾别人光的不良心理，会使自己越来越不受欢迎，更不宜扩展人脉，小人物绝对值得你去交往。

在这个竞争激烈的现代社会中，不够坚强就无法生存下去，不够柔和就没有生存下去的资格。只有坚强的人才能突破自己的命运安排，为自己建立一座富足而安定的城堡。但是，并不是每一个人都能够成为强者。许多人因为条件或环境的不理想而随波逐流，或是因为健康状况不佳、家庭破碎而陷入悲惨的命运之中，过着不幸的一生。这些弱势的人，在公司遭到冷眼对待，既不受重视，所说的话也没有人理会。因此，变得不爱发表意见。

如果你想增强自己的人脉，提高自己的地位，那么千万不要忽视这些小人物，对于这样的人你要表现得柔和点。如果你是公司的领导者，更要注意这一点。公司是命运共同体，不论是代表公司的先锋部队，或在后方不为人知的后援部队，大家的命运都是一样的，唯有大家同心协力才能创出佳绩。

每个公司运营的最终目标都是追求利益，而公司的利益绝非少数的一两人所能创造出来的，必须要靠大家同心协力。所以不可以有"那个人对公司而言根本毫无价值，如果没有了这个人，他的薪水还可以对公司有很大的帮助，倒不如早点辞退好些"的想法。

企业从某一方面而言就像是人的身体。人的身体之中有些器官看起来好像并非每天生活所必须，但若是随随便便地切除了，人的身体就会失去平衡而影响健康。所以，你不能过于注重某些人的工作成效，有些工作成效不是一下子就可以看出来的，并因此而否定他们的存在价值。

从这些人的身上，你应该可以学到很多东西才对。如果有机会的话，也应该让大家听听这些人的意见。从这些人的意见当中，或许你还会发现许多自己平常所没有想到的新构想。

记住：那些小人物绝对值得你去与之交往。小卒一旦过河得势，车马未必能挡。小人物往往可以助你成就大事，其作用伟人圣贤亦难敌。所以，绝不可忽视你身边的小人物，借助与他们的交往来打造一视同仁的好名声，会给你带来旺盛的人脉，使你赢得更多人的崇敬。

5. 表现出王者的自信，让自己突出于众人之上

如果说人脉高手与"普通人"有什么不同的话，第一个不同就是他们都具备了极强的"待人接物"的能力，而这种能力大多来自于自信满满又优雅尊贵的仪态。你的自信决定你的身价。你越自信，你的身价便越高。但千万不可装腔作势，否则会自毁前程。要记住：你散发的是自信，而不是傲慢和轻蔑。

你的自信决定你的身价

每个人都有一套积累人脉的方法，如何才能有效率地提升人脉竞争力？要提升人脉竞争力有许多技巧，但前提是必须具备"自信与沟通能力"。以自信来说，"你的舒适圈（Comfort Zone，在不同场合中感觉到自在的程度）有多大？"一个没有自信的人，舒适圈很小，总是怕被拒绝，因此不愿主动走出去与人交往，更不用说要拓展人脉了。

在所有杰出的成功者身上，都有一个值得注意的现象，他们的力量也由此产生——在实际的行动中，他们总是自信满满，对自己深信不疑，他们的行为也因此让周围的人听起来如此神奇，不得不动心。

许多人都相信大航海家哥伦布是出身于意大利的贵族，这种观点通过他儿子在他死后所写的传记进入历史。书中描述他是蒙佛拉地区库卡罗城堡一位哥伦堡伯爵的后裔。而哥伦堡伯爵又被说成是传奇人物罗马将领哥伦尼斯的后代，哥伦尼斯的两名堂兄弟则是某位皇帝的直系子孙，一切看来的确是家世显赫。但这只不过是巧妙编织的谎言，因为哥伦布实际上是多明尼哥·哥伦堡的儿子，而这个哥伦堡只是一个普通的

织工，在哥伦布年轻时开了一家卖酒的铺子，以贩卖乳酪为生。

哥伦布自己创造出他高贵血统的神话，为他以后伟大的事业打下了坚实的基础。在一艘货船上体验过一段不足道的商人生涯之后，他定居于里斯本。后来他利用编造出来的高贵出身，与里斯本的大家族联姻，这个家族与葡萄牙王室的关系非比寻常。

通过姻亲，哥伦布成功地诓骗了葡萄牙国王若昂二世与他会面，他请求国王赞助他向西方航行，目的是发现通往亚洲的捷径。他所完成的任何发现会以国王名义发布，但是作为报酬，哥伦布要求一连串的东西：海洋大元帅的头衔，以及他发现的任何土地总督之职，与这些土地未来通商利益的10%，而且上述一切都将世袭，永远不可剥夺。虽然在此之前他只不过是名小商人，哥伦布还是很大胆地提出这些要求。事实上他对航海几乎一无所知，也从来不曾领导过一群人。简而言之，他绝对没有资格领导他所建议的航行。不仅如此，他的要求没有包括要如何完成计划的细节，只有模糊的承诺。

听到哥伦布这番要求之后，若昂二世只是微笑以对，礼貌地拒绝了他的提议，但是并没有关上未来合作之门。哥伦布也注意到了这一点：虽然国王拒绝了他的请求，但还是认为这些要求是站得住脚的。若昂二世没有嘲笑哥伦布，也没有质疑他的出身与信用。事实上，哥伦布要求之大胆令国王印象深刻，而且面对表现如此自信的人，国王显然十分欣赏。这次会面让哥伦布坚信他的直觉是正确的：借由装腔作势的尊贵派头，他立刻提高了自己的地位，因为国王会认定要价这么高的人，若非疯了（而哥伦布的表现不像），就是必然值得这样的身价。

几年后哥伦布移居西班牙，运用他在葡萄牙的关系进入了西班牙宫廷的上层圈子，接受著名金融家的津贴，与大公和亲王同席。他再度向这些大人物提出这个要求。有一些人，例如强势的麦地纳公爵想要帮忙，却力不从心，因为他没有足够的实力应允他所要求的一切。但是哥伦布不会退缩。他很快明白唯一能够满足他要求的人是伊莎贝拉王后。1487年他终于会晤了王后，虽然他无法说服她资助自己航行，却完全迷倒了她，于是成为王宫的常客。

1492年，西班牙终于赶跑了入侵的摩尔人，摩尔人在几世纪之前占领了西班牙部分领土。战争对国库造成的负担解除后，此时伊莎贝拉觉得她终于可以答应这位探险家朋友的要求。她出资供应哥伦布三艘船、航海设备、水手的薪资，同时付给哥伦布优厚的津贴。更重要的是，她签署合约，应允哥伦布坚持的头衔和权利。她唯一拒绝的是来自任何发现的土地一切收益的10%。如果这项条款留下来，最后会让哥伦布和他的子嗣成为地球上最富有的家族。

哥伦布很满意他的要求都获得同意，于是在同一年起程，寻找通往亚洲的航路。在出发之前，他很谨慎地雇用了最好的航海员，以帮助他到达目的地。第一次寻找航线的任务失败了，然而在第二年哥伦布请求王后资助他野心更大的航行时，她又同意了。那时她已经把哥伦布看成注定要立下伟大功业的人物。

实际上，哥伦布的航海知识比不上任何一名普通的水手，他确定不出发现土地的经纬度，将岛屿误认为大陆，而且虐待他的船员，对于航海，他完全是个门外汉。但是在某个领域他是个天才，他知道如何在众人面前推销自己。否则如何解释乳酪小贩的儿子，底层的船商，竟然能够迎合最高层的王室与贵族家庭？

哥伦布拥有惊人的魅力，他能迷倒贵族，完全源自于他举手投足的仪态。他展现出自信满满的风度，其实跟他的本钱完全不成比例。他的自信并非暴发户那种咄咄逼人、自我吹嘘的丑态，而是沉着、冷静的自我肯定。事实上贵族往往表现出同样的自信，拥有古老风范的有权势的贵族不觉得有必要证明或伸张自己；身为贵族，他们知道自己永远值得更多的恩赏，于是自然而然地进行要求。因此面对哥伦布，他们感觉到一见如故的亲切，因为彼此的行为举止是同一个模式：鹤立鸡群的伟岸大丈夫。

你得了解：你的身价全由你自己来设定，你的举手投足反映出你对自己的看法。如果你要求得不多，垂头丧气地拖着腿走路，人们会认定这些反映出你的人格，但是这样的行为举止并不是你，只是你选择来呈现在别人面前的样子。你也可以很容易就呈现出哥伦布的仪态：神采奕奕、信心十足，认为自己生下来就是王者。

向幸福的孩子学习

幼年时，我们以饱满的生命力开启人生，充满期待，对这个世界要求一切。通常我们在起步之时，会带着这样的心态走进社会，然而随着年岁增长，我们所经历的挫折与失败为我们设下层层界限，同时这些界限会越来越稳固。对于世界的期待逐渐减少，我们接受了其实是自我设定的限制。即使在提出最简单的要求时，我们也打躬作揖，勉强凑合，还要致歉辩解。要解决这种眼界日益缩小的方法，就是强迫自己朝相反方向行进，既不在乎失败也不理会限制，让自己像孩子一样去要求和期待。要达到这一点，必须在自己身上运用独特的策略，我们称之为王冠策略。

王冠策略建立在简单的因果连锁反应上：如果我们相信自己注定要做大事，我们的信念便会向外辐射，就好像王冠创造出的王者氛围环绕着国王。这种对外的辐射会感染身边的人，他们会认为我们必定有理由才会如此自信。戴着王冠的人不会感觉到任何内在限制，限定自己的要求和成就，这种态度也会向外辐射。当你能够熟练运用这一策略时，你会很惊讶，你的要求经常都能得到满足。学习幸福孩子的榜样，他们不管想什么都开口要求，于是就得到了。他们高远的期盼就是魅力之所在，大人乐于应允他们的愿望，就像伊莎贝拉乐于应许哥伦布的愿望。

历史上，出身寒微的人，例如拜占庭皇后狄奥多拉及哥伦布、贝多芬和英国首相狄斯累利之流的人物，都成功地散发了自信，他们坚信自身的伟大，因此自我实现了预言。这很简单：对自己深信不疑，即使你知道是"自我欺骗"，也要表现出王者风范，别人很可能就拿你当做国王来对待。

为了增强内在的心理谋略，有一些外在策略可以帮助你创造效果。第一，永远说出大胆的要求，抬高自己的身价，绝不动摇；第二，以尊贵的方式，追逐组织中的第一人。选择与自信的人成为朋友，你就创造了自信的表象。

记住：你的身价完全由你来设定。你要求多少，你就会得到多少。要求得少，你就只能得到这么多；然而要求得多，你的身价就会跟国王一样。即使拒绝你的人也会敬佩你的自信，这样的敬佩最后会以你意想不到的方式让你广收其利。

自信不是傲慢

虽然王冠能够将你和其他人区隔开来，但是完全得靠你自己来落实这样的区隔：你的言行举止必须异于常人，展现出你跟周围人的距离。强调你特立独行的一个方法，就是不管情势如何，举手投足间永远要保持尊贵。

不过你要记住：王者的行仪不应该和傲慢自大混淆了。傲慢或许面上看来是国王的禀赋，但事实上却泄露了不安全感，正好相对于王者风范。

从1930年开始统治伊索比亚长达40年的海尔·塞拉西，年轻时原名利杰·塔法里，他出身贵族家庭，很小的时候，他就展现出充分的自信与王者之风，令身边的每一个人都啧啧称奇。

塔法里14岁便进入宫廷，他立刻给国王曼涅里克留下了深刻印象，并成为他的宠儿，塔法里受到攻击时的优雅风度、他的耐性以及沉着自信令国王倾倒。其他年轻贵族，既傲慢自大又装腔作势，而且忌妒心强，他们总是欺压这位带着书卷气的瘦小少年。然而塔法里从来不发怒，他知道发怒是缺乏安全感的表现，而他不会屈服于这样的情绪。他身边的人已经感觉到他总有一天会成就大业，因为他的表现仿佛已经坐上了王座。

1936年，意大利的法西斯党攻占伊索比亚，已改名为海尔·塞拉西的塔法里流亡国外，他在国际联盟发表演说，请求协助。听众席上的意大利代表以粗鄙的辱骂妨碍他演说，但是他依然保持尊贵姿态，仿佛完全不受影响。这使得他更受推崇，也让他的对手看起来更加丑恶。

在日常生活中，总有一些别有用心的人，会对你咄咄逼人，故意让你发怒从而令你失态。如果你因一时失控而冒出任何有失风度的姿态，正中了对方的圈套。对方在大庭广众之下，说些侮辱你人格或对你极为不利的话，采取什么样的方法才能扭转你尴尬的境地呢？最好的办法就是理智地克制自己，不能以怒对怒，以骂对骂，不然你将用短暂的快慰换取的是永久痛苦。这种克制需要大度的胸怀、良好的教养，它有助于你消除感情世界不可避免的、遭受种种刺激而引起的潜在的危机，有助于良好人际关系的建立和事业的成功。古往今来，凡是取得巨大成功的人,无不是克制的富翁。

为人们所轻视的忍气吞声有着惊人的妙用。因为发怒、讥讽别人是一种粗鲁的举动,只要稍有良知的人,事后都会有一种深深的负疚之感。如果你能摆出尊贵的架势,以静制动,一般来说对方就会收敛得多,对自己的行为作出调整,倘若你再委婉平静地予以说服的话,那效果就会更好。因此,如果你想制伏一个对你大发脾气的人,没有比"忍气吞声"更好的办法了,这在兵法上叫"以柔克刚"。

最后一点值得说明的就是,表现出王者的自信无非是让自己突出于众人之上,但是如果你装腔作势得太过分,就会自毁前程。千万不要犯下大错,误以为羞辱别人可以维护自己的尊严或抬高自己。再者,过分超于群众之上会使你成为众人攻击的靶子,而且有时候贵族姿态会招来更大的危险。

1640年,英国国王查理一世面临着人民对君主政体深恶痛绝的窘境,由克伦威尔领导的叛乱在全国各地爆发。如果国王有远见,适时回应,支持改革,并且让民众看到他愿意牺牲部分权力的诚意,或许历史就改写了。结果他妄想恢复以往的王室荣光,并因自己的权力和神圣的君主政体受到攻击而大为恼怒。他固执到底的国王派头得罪了百姓,使得暴乱一发不可收,最后查理被砍了头。因此,如果你想增强人脉的竞争力,务必要了解:你要散发的是信心,而不是傲慢或轻蔑。

6. 才华与学识具有勾魂摄魄的魅力

所有成功的人,都是努力的人。内涵的养成绝非一朝一夕的工夫,它需要时间的陶冶,更需要丰富的学识和智慧的感悟。你一定要见多识广,如果见识浅薄,无论你如何吹嘘,都是自毁形象。

才华与学识是一种魔力

才华与学识有一种勾魂摄魄的魅力，这种魅力犹如耀眼的星光吸引众人。见识浅薄的人如井底之蛙，不论如何自我吹嘘，只会招来众人的耻笑；见多识广的人，即使一言不发，也会散发出令人折服的力量。

大多数人在社交过程中十分注重"第一印象"，第一印象并非总是正确，但却总是最鲜明、最牢固的，并且决定着以后双方交往的过程。不过，这里需要提醒你一点，如果你想让自己永远都抢手，最好的办法就是充实内在，不断用知识与涵养武装自己，只凭借"第一印象"来迷惑他人，或许在短时间内能够笼络人心，可时间一长，当人们开始逐渐了解你时，你在人前的魅力就大打折扣了，不利于你聚集人脉。同时，你也要时常告诫自己不要过于注重"第一印象"，因为这会使你产生判断上的错误，时常被一些"金玉其外，败絮其中"的人所蒙蔽。

人的魅力不完全来自外貌，它主要来自于人的内在力量。漂亮自然值得庆幸，但并不代表有魅力。人的相貌是天生的，人的审美观念则是后天产生的，这自然也是客观存在。外貌漂亮的确是一种优势，但这个世界上那种天生尤物毕竟为数不多，大多数的芸芸众生都是相貌平平，甚至是丑陋的也大有人在。其实丑陋的人也可以是美的，这就是其内在的品德修养所散发的魅力。《庄子·德充符》中谈到有个名叫王骀的人，生得奇丑无比，可是男子汉同他相处，都把他当做知心朋友，舍不得离开他。青年女子向父母请求，不愿做别人的妻子，宁可为他做妾。王骀之所以能使人如此仰慕，并非他有钱有势，而在于他才德充实不浅薄，大家都被他的才德所吸引，而忘了他的外貌。据《东周列国志》记载，齐国有个钟离春，是个长到40岁还嫁不出去的"丑八怪"。可是正是她，当齐王亲幸佞臣、不视国事、一心享乐的时候，以非凡的胆略，自诣宣王，陈说国家的弊端，使得宣王拆渐台、罢女乐、退谄谀、进直言、选兵马、实府库，使齐国大治，使得齐宣王立钟离春为王后。她用自己的才能拯救了一个国家，彪炳千古，又有谁会注意到她外表的丑陋呢！

诗人拜伦先天跛足，幼年丧父，家境贫寒，使其从小就成为心态不平的暴躁母亲的暴虐对象。拜伦不仅继承了母亲的冲动、乖戾与狂暴的性情，甚至还受到父系祖先半疯的家族病的阴云笼罩。冲动、狂暴与感伤、抑郁在拜伦身上发生了一种奇异的变化，成就了一种独特的"拜伦式性格"。冲动与暴烈使他常采取过激的言行，语出辛辣，绝不饶人，从而获得了愤世嫉俗、辛辣讽刺诗人的美名。而抑郁伤感的性格倾向又使他在情绪低落时对自己的过激予以否定，加以责怪。两者互为因果地连锁反应，使得拜伦在走向愤世嫉俗的同时，内心陷入孤僻与寂寞。愤世嫉俗愈烈，孤独伤感愈深。

然而，正是这样一个才华横溢的年轻人用其文笔塑造了风流浪漫的唐璜，诗人自己也可以说是人间的唐璜。他比自己笔下的主人公多了一种不幸，他不仅是一个瘸子，而且还有一只眼睛近乎于瞎，个子又矮，按现代人的观点就是个标准残废。尽管他终生残疾，却引来无数淑女美妇的青睐，甚至为他而神魂颠倒。拜伦曾不无自负地说："自特洛伊战争之后，还没有一个男人像我这样被抢夺过。"他简直成了男性版的"海伦"。

是什么勾魂摄魄的魅力，使众多女子毫不介意拜伦生理上的缺陷，而对他倾心痴迷呢？诗人的气质风度，脱俗不凡的个性，这些无疑都闪耀出了魅力光彩。更有一样不可忽略的特质——那就是他的才华横溢。

当时的英伦三岛和欧洲大陆不乏风流倜傥的美男子，但在众多痴迷于拜伦的女人眼里,他们同瘸子拜伦相比黯然失色。拜伦若是毫无才华的平庸之辈,纵使他如何风流如何会调情,恐怕也绝不会有那样吸引异性的神奇魔力。

才华、学识,具有一种魅力。富有学识的人,从来就很受人们的赞赏和倾慕,并能使他们获得一定的声誉。而超群的学识才华所赢得的成功,则更能使他们声誉卓著。女人往往最崇拜这样的男人。因为"男人的声誉在女人眼里,犹如一朵光彩照人、遮丑掩疵的红霞"。"一俊遮百丑",有卓越的才华,甚至可以弥补身体生理素质方面的不足。

内涵是一种力量

要建立人脉,必须先丰富自己的内涵,一个没有丰富内涵的人是不可能建立起人脉的。知识的广博丰富有利于与人交往,也会影响交际活动的质量。你的知识水平越高,就越能提高你在他人心目中的地位,越能引起对方的尊重和信任,而且具有一种诱人的魅力。一个知识丰富的人,可以凭自己的学问,轻而易举地博得他人的青睐。如果胸无点墨,不学无术,无疑会让人看不起。即使一时乔装打扮,给人留下了美好的第一印象,日子长了,就会露出"麒麟皮下的马脚"。

清代短篇小说家蒲松龄有篇小说叫《嘉平公子》,说的是嘉平某公子由于容貌秀美、温文尔雅,美丽而有才的女鬼温姬深深爱上了他,他的父母得知儿子和女鬼在一起,十分害怕,就请法师作法驱鬼,什么办法都用尽了,温姬就是不肯离开。有一天,温姬发现桌子上有嘉平公子写给仆人的纸条,她拿起来一看,发现纸条上面错字连篇。把"花椒"的"椒"字写成"菽"字,把"生姜"的"姜"字写成"江",把"可恨"写成了"可浪"。温姬这才知道她所爱慕的嘉平公子只是徒有其表、名不副实的纨绔子弟。她心中痛苦而又后悔，就提起笔来在纸的背面上题道："何事'可浪'，花蕊生江，有婿如此，不如为娼。"最后，温姬离开了嘉平公子。这个草包还把那张纸条交给了仆人，引得仆人也掩口而笑。

学识才华有时是直接展示出来的，如见诸谈话、作品、工作或处理事情等等，同时还在个人的身上侵染渗透，影响他们的气质、风度和修养。苏东坡有诗云："腹有诗书气自华"，丰富的学识确实能加深人的内涵，培养好的气质和风度。在一般人心目中，知识与修养是联系在一起的，读书人与不读书人的修养就是不一样。

当人们看到一个人行为粗鲁、语言污秽时，断定他缺乏知识大致上不会有错，因为倘若他有知识，就不会使自己如此露丑，显出没有教养的形象，有位哲人指出，求知可以改进人的天性。当然这绝非是一朝一夕之功。

丰厚的学识有助于人获得鉴赏力，培养优雅的审美情趣。而敏锐的鉴赏力和优雅的情趣，使得一个人别具另一种吸引力。哲学家休谟说："鉴赏力敏锐精致，对于爱情和友谊是很有益的。"

在爱情生活中，广博知识的魅力犹如耀眼的星光，吸引着恋人涉入爱河。青年马克思在写给恋人燕妮的情书中，就表现了他那种诗人般的才气。

当然，学识如浩瀚的大海无边无际，我们终生努力，也未必敢说摘取到了它的精华。但是，我们所有的成功都有赖于自身的学识。因此，我们切莫错过青年期学习知识、增长才华的大好时光。而读书，无疑是培养自己才识的一条极重要途径。英国学者约翰·罗金斯说："书中的词语就是含金的矿石。"

一个人读书读多了读活了，思想就会达到一个新的境界，而这将深深地改变着你的气质，影响着你的形象。有些人年轻时凭着英俊或率真，尚有几分可爱之处。随着韶华流逝，除了徒增老态、暮气、平庸和懦弱之外，别无所有，这样的男子是不会有什么魅力的。许多浅薄的人恰恰忘记了：真正的魅力，最深刻的感人力量，往往需要千锤百炼，是经过多少尝试，多少思考，多少百折不挠的经历，方才焕发在人前的。内涵，同样是后天努力培养的结果。

有一位作家曾说："所有成功的人，都是努力的人。"内涵的养成，绝非一朝一夕的工夫，它有赖日日夜夜不停地琢磨，并没有可投机取巧的方法。《孙子兵法》中说："吾闻拙速，未闻巧者久矣。"聪明的、巧妙的方法，看起来很快，其实也许是最慢、最笨的途径。

真正的内涵，需要时间的陶冶，更需要丰富的学识和智慧的感悟。有魅力的人物所散发出的光彩当中，最持久、最深刻的一种，来自内涵。而内涵正包括了一个人的见识、修养、能力等许多方面。

见识狭窄的人，也像井底蛙一样，不论他自己如何自吹自擂，别人见了只觉得可笑。而见识宽广的人，即便一言不发，也自然有令人折服的力量。真正见识过世界的青蛙，会收敛起自大与浮夸，不由自主地显出深沉的气质，那就是真正的内涵——一种确实的吸引力。

7. 形象创造影响力

人们是视觉的奴隶，却是自我形象的主人，所以每个人都可以做自己的信使。你的形象决定别人对你的评论——你可以不在意别人的评价而特立独行，但你不能否认社会成功依赖于他人的认可。在一个眼见为实的时代，人们只有看到形象彰显出了卓然，才会相信才华这回事。

有些场合,外在形象比真本事还重要

爱默生说:"美好的行为比美好的外表更有力量。美好的行为,比形象和外貌更能带给人快乐。这是一种精美的人生艺术。"事实的确如此,但一个人的外在形象也常常影响着他人对其的评价,在人们的印象中,一个注重自己形象的人,必定也是一个有礼貌、有教养的人,有着相应的良好品质和人格,这对个人成功、人脉积累都有帮助。

几乎所有的人都是以貌取人的,通过别人的服饰来判断其身份地位,并采取相应的尊卑态度。人们通常对那些衣着协调、高雅、庄重、整洁的人,流露出敬意和重视;而对衣着怪异、肮脏破旧的人则采取轻慢和鄙夷的态度。由此可见,一个人的外在形象对积累人脉有着十分重大的影响。

每个人都自备一套好恶标准,别人的外表该如何、不该如何,他们早有定论。只要对方的外表与我们的标准不符,沟通过程中就会出现"杂音",因为对方的衣着是否得体往往会影响我们与之交往的心情。

1988年美国总统竞选,在乔治·布什粉墨登场之前,大出风头的是加里·哈特。他经过一系列紧张的竞争,一路过关斩将,成为民主党内的领先者。正当哈特庆幸他的胜利时,他没想到,新闻记者的摄影镜头已对准了他。在北迈阿密海滩至比米利的海面上,"恶作剧"号高级游轮欢快地行进着,船上坐着四个人,其中一个便是哈特。他身着鲜红的运动裤,看起来神采飞扬。上岸后,四人中的一位叫唐娜赖斯的漂亮女郎(全美大学优秀生联谊会成员)依偎在哈特的怀里。记者拍下了这个时刻。这个历史性的瞬间使哈特的身价大跌。总统竞选在这一"桃色新闻"中幸存下来的机会所剩无几。

"恶作剧"号成了哈特倒霉的预兆,"甜蜜的开端"最终以"苦涩的结尾"而告终。《迈阿密先驱报》刊登了哈特这一"桃色新闻",使哈特陷入了重围。新闻舆论界就哈特爱穿"红裤子"这一点大做别出心裁的文章,他们说:"穿着红裤子的花哨的参议员,是否适合坐在白宫?"这一质问,看似平平淡淡,实际上力重千钧,结果使哈特一败涂地,狼狈地退出了竞选。

同样一件衣服,穿在不同的人身上,其效果是迥然不同的,有时甚至大相径庭。一件衣服的全部内容包括三个方面:第一,服装本身的使用价值和审美价值;第二,使用服装的人的审美取向和审美观点;第三,使用服装的人与交际对象的审美观点的认同。而最后一个方面更能体现服饰美的最高层次的价值意义。

所以当我们出席一次重要的活动时,穿什么样的服装,如何修饰,具有一定的当众表演的特征,也可以看做穿着者和接受者(交际对象)的一种对话。

哈特本是美国总统竞选中强有力的竞争者,但由于他着装不慎,常在一些场合身着"红裤子"便被"嘘"下了台,功亏一篑。一条"红裤子"本身并说明不了多大问题,如果是穿在少男少女们的身上,无可厚非,但是穿在哈特身上就不一样了,人们自然而然地把他同未来的美国总统联系起来,心里就无法承受了,难怪有人发出这样忧心忡忡的议论:"简直不敢设想,美国总统会穿一条红裤子在白宫办公。"

哈特身着红色的裤子是他的爱好,他试图在竞选期间向人们展示他的活力,以此来引起选民们的注意,从而在竞争中取胜,实际上他已误入了颜色的交际误区。红色在英文中表示"活泼"这一意思,但还有其他的意思,如"红色"与"色情"有很大的关系,英语中的"Red

Light District"是"红灯区"之意，表示妓院集中的地方。红色象征着女性，又象征着爱情，人们常常把爱情之梦说成是玫瑰色之梦，发生爱情风波被称为"桃色新闻"。而哈特在这角逐竞选的非常时期身着红裤子，自然会使人们一下子把他同"桃色新闻"联系起来。后来，美国及一些国家的政界要人都以哈特为教训，在面对公众时，非常注意自己的仪表风度。

因此，你随时随地都要记住，在很多场合下，你所表现出的外在形象要远比你真正的本事来得重要。

做自己形象的主人

你要以为"形象"这件事比不上研究火箭、磁悬浮、鸡尾酒疗法高深尖端而轻视它，那你就大错特错了。也许你不知道一个事实：形象能发挥的效应是你能力的九倍。

"人最重要的不在于外表，而是内涵。"多数人喜欢用这类话来为自己的不修边幅辩解。事实是，时代早已发生巨变，这是商业文明日益发达的时代，强调竞争，崇尚速度。社会根据你是否能给人以良好的第一印象，才能决定给不给你第二次机会。美国"形象研究所"的报告显示，第一印象在见面七秒钟的瞬间已决定，其中外观举止的视觉要素占55%，谈吐、声音、声调占38%，而交谈内容仅占7%。

人们是视觉的奴隶，却是自我形象的主人，所以每个人都可以做自己的信使。你的形象决定别人对你的评论——你可以不在意别人的评价而特立独行，但你不能否认社会成功依赖于他人的认可。所以，不要小看外在的形象，你的衣着衬托了你的内心。在一个眼见为实的时代，人们只有看到形象彰显出了卓然，才会相信才华这回事。

我们并不希望误导读者以为外表门面重于一切。如果你以为只凭外表漂亮、会应酬就能帮助自己积累人脉，那就如同只凭履历表的纸质印刷美观、字体工整就能被录取一样荒唐。履历表看起来再漂亮，也是只供参考，真正重要的是本人——工作经验、能力、品行。但是你不妨自问：假如履历表压得皱巴巴的，上面沾着油渍，有好几个错别字，而且把学历的次序写得颠三倒四，结果会如何？求职的人若是连一份像样的履历表都写不出来，即便学历出众，也很难得到青睐。

衣着整洁得体、笑脸迎人、握手有力、什么话题都能谈论、态度坦诚，这些都是门面。徒具外表而无内涵的人，只能应付一时。然而，完全没有外表条件也是行不通的。第一眼所引起的反感，有可能缩小你表现能力与个性的空间，必然也会影响你的人脉。

"衣服不能代表人品，却代表整个人发出的信息。"这是动机大师派斯特在其著作《全录精神》中所说的话，"这信息可能是正确的，也可能是错误的，反正信息已经发出去了。我们文明的程度尚浅，对于懒洋洋的握手、闪烁不定的目光、脏兮兮的皮鞋，还不至于视若无睹。"

形象的塑造，应从内在的自我做起。在外在的仪表举止上，由专业的知识所培养出来的让人信任的谈吐、大方的笑容及合适的礼仪，搭配符合工作特质的服装及发型，都是不可或缺的。

从现在开始挥洒彩笔，给自己的魅力加分，让你的每一次出现，都会有无数次成功的机会。把你自己想象成一张广告宣传单，你会如何让这张广告单在客户第一眼看到时，就相信"你是值得信赖的"或对你有高度的兴趣，愿意主动与你联络呢？葛拉西安曾说："有些事物以其姿态见重，多于以其本质，姿仪能赋予过去新意，使时光倒流，再添转折，若形式适当，还能尽去老年的衰微。"

一流的商品要有一流的包装，一个演说者也必须有一个能让听众接受的"包装"，选择好较为合适的服饰，首先让听众在外表上接受你，感受到你浑身散发出来的魅力，然后才可能接受你所演说的内容，这是在听众面前把自己"推销"出去的前提，否则的话，一开始就让听众产生不相容的心理效应，纵然有再好的口才，没有机会施展也是枉然。

在交际中，人们大都希望通过服饰弥补自身形体上的不足，或强化自身形体动人之处，或想传递某些抽象的意念，以期给人留下美好印象，但主观愿望往往与客观效果相悖。在比较重要的场合下，着装最好事先演示一下，征求一下别人的意见，成功的可能就比较大。

不可以貌取人

从心理学分析，我们所有的交际活动都会在没有意识的情况下受到"晕轮效应"的影响，犯了"以貌取人"的错误。所谓"晕轮效应"指的是从对方的某种特征推及对方的总体特征，从而产生美化或丑化对方的形象这样一种心理定势。

"晕轮效应"在人际交往中经常会起到不良作用，其主要表现是以偏概全，一叶障目，不见泰山。其后干扰了当事人对交际对象的分析、观察和判断，妨碍了当事人对其作出正确的估计，所以对交际十分有害，应该尽量加以排除。比如不能单纯地从人们的衣着、相貌来下判断，那种"先敬衣后敬人"的态度，往往会导致交际的失败。

北宋时的苏东坡有一次去寺院，方丈见他穿着一般，很是冷淡，说"坐"，又对小和尚说"茶"。交谈几句后，方丈发现此人有些来历，态度有所改变，说"请坐"，叫小和尚"敬茶"。又谈了一会儿，这才知道此人就是苏东坡，大喜，说道："请上坐"，又叫小和尚"敬香茶"。临离开时，方丈请苏东坡留下墨宝，苏东坡写下"坐、请坐、请上坐；茶、敬茶、敬香茶"，对方丈以貌取人予以辛辣的讽刺。方丈见了，也面红耳赤。人的外貌，往往是由先天决定的，真正是身不由己。而一个人的品质、才能往往是后天形成的，它们之间没有多少必然的联系，外貌丑而心灵美的人很多。可见，如果要用外貌来判断人的话，实际情况刚好相反。

从另一方面，我们也应该看到，"晕轮效应"是一种客观存在的社会现象。比如在生活中，人们常常习惯于从对方的仪表与服装来判断一个人的地位、性格、品质、职业。服装常常和社会信任不可分割地联系在一起。国外有人研究了网友约会中外貌吸引异性的情况，发现外貌吸引力和第二次是否继续约会的相关系数为69%—89%，这个相关系数高于约会伙伴的其他特征。

1974年，心理学家在兰德和赛格尔做了一个实验。他们把被试分成两组，让其中一组被试阅读附有作者照片的一些文章，文章中有的水平高，有的水平低，作者有的漂亮，有的不漂亮。而让另一组的被试只看没有照片的文章。看完后让两组被试评价文章水平的高低。结果发现，第二组的评价比较客观，而第一组对漂亮作者的文章评价偏高，对不漂亮的评价偏低。

所以，我们在进行人际交往时，你对着装是否注意，在什么样的场合，与什么人交往，应穿什么样的服装，是现代交际中的重大课题，因为美的仪表风度，能给人一种愉悦感，塑造一个美好的形象。这在商品销售中也有独特的意义。

人们走进商店选购的往往是包装精美、价格偏高的商品，这正是商品的设计者迎合了这种"晕轮效应"：认为里面的东西会像精美的包装一样好，会和偏高的价格相一致。一些企业、商店纷纷花重金装修门面，也是想利用公众的"晕轮效应"扩大知名度。

时刻更新你的形象

建立形象是好事，但如果过分拘泥于形象，寸步也不敢突破，那么反而像是将一个活泼、自由自在的人，用粗绳子五花大绑起来，让人看了既难过又可惜。一成不变的人必定会成为落伍者，所以，你要时时警惕，一旦你成为众目注视的焦点，你必须不断调整你吸引人的方法，永葆新鲜感。你必须成为自己形象的主人，而不是让别人界定你的形象。如果你展现出超出人们期待的一面，你就是那个掌握大局的人，不仅能赢得尊敬，更能牢牢抓住人们飘忽的注意力。

罗马的恺撒大帝于公元前65年首度在社会上扬名立万，当时他是一名负责公众竞赛的官员，他组织了一连串策划周密、正合时宜的盛大场面，开始在群众面前亮相——狩猎野生动物、刺激的角斗表演、戏剧竞赛等。有好几次，他自掏腰包负担盛会的经费。对平民百姓而言，恺撒逐渐和这些人人喜爱的盛事结合在一起，令人难忘。在逐渐攀升到达执政官地位的过程中，他在大众中的超人气成为他执掌大权的稳固基础，这是因为他为自己创造了崭新的形象——一个伟大的公众表演人物。

在战争中，恺撒总是意气风发地身先士卒。他的骑术不输于任何一位士兵，他更引以为荣的是在勇气及耐力方面谁都比不上他，他总是以最勇猛的姿态冲向战场，让士兵们目睹他陷在战火正酣的战场，激励他们向前。不论何时何地恺撒永远让自己处于正中央的位置，宛若神祇，让士兵追随。在罗马所有军团中，恺撒的军队永远是最奋不顾身而且忠心耿耿的。别说他的士兵，即使是参加过他举办的娱乐活动的平民百姓，都会认同他以及他的主张。

击败庞培之后，盛会的规模越来越大，这也是罗马人前所未见的。战车竞赛变得更加壮观，格斗竞技也越演越烈。此外，他在人工湖上举行盛大的模拟海战，在罗马每一个地区组织戏剧表演，还沿着塔匹岩山陡峭的山坡建造了一座新的大型剧场。最后，这些活动让罗马帝国各地的群众纷纷拥来参与，所以在通往罗马的道路上，访客的帐篷排成好几里长。公元前45年，恺撒在征战埃及结束后，选择好进城的时机，身边带着埃及艳后克娄巴特拉七世，让罗马帝国各地的群众目睹了空前豪华奢侈的壮观场面。

这些盛事不只是用来娱乐百姓的精心策划，它们大大提升了恺撒在人民心目中的地位，使他看起来比实际上更加伟大。恺撒牢牢掌握住自己的公众形象，从来不会掉以轻心。他在群众面前出现时，总是穿上最引人注目的紫袍，没有人抢得过他的风采，他对自己的外表虚荣可说是人尽皆知。据说他乐于接受元老院和人民授予的荣誉，原因之一是在这些场合，他可以头戴桂冠，掩饰秃头。恺撒还是个非常出色的演说家，他清楚如何说得少却能让人如雷贯耳，言有尽而意无穷，以及何时结束演说以达到最大效果。他更是从来不会忘记在群众面前亮相时创造惊奇，例如以石破天惊的宣言来增强戏剧效果。

到罗马剧场看戏是平民大众的盛事，出席的群众多到我们今日无法想象的程度。观众挤进庞大的观众席，因讽刺喜剧而开怀大笑，也为悲剧感动落泪。剧场以精致、戏剧化的形式涵盖了人生的意义。如同宗教仪式，剧场对平民百姓拥有强大的吸引力。

恺撒或许是历史上第一位了解如何不断更新吸引策略的公众人物，因此他执迷于戏剧。他升华这份兴趣，让自己成为世界舞台上的演员和导演，他的言语宛若台词，时时刻刻注意到在群众面前的表现，因此摆弄着姿势与动作。他的剧目永远不忘掺入惊奇，演说更必定是逐步营造戏剧效果，在万众瞩目下公开亮相。他也会让手势浅显易懂，让一般百姓能立刻了解，因此他变得极受欢迎。

恺撒为所有领袖和权贵人物树立了典范。像他一样，你必须学习通过戏剧手法，利用各种事件来吸引他人的注意力，并得到他人的认同，从而来提升你的人脉。同时你也必须时时刻刻注意他人与你交往为什么会开怀？为什么会无聊？你必须让自己位于中央，吸引注意，无论如何不能让人抢过风头。

你得了解：世界指派给你一个人生角色，一旦你接受这个角色，你的一生就注定了。你在别人的眼中扮演一个什么样的角色，全在于你所选择或是被迫承担的角色。一名演员可以扮演许多角色，享受那种千变万化的权力。如果这超出了你的能力，至少这个新的身份，由你自己打造出来。

重新塑造自己是人生最伟大的任务

你的新身份会保护你免受外界干扰，正因为"他"不是"你"，他只是你的戏服，你无须把他当成自己。你的新身份让你一分为二，赋予你戏剧风格的表现，连后排的观众也可以看到你、听到你，而前排观众则为你的旁若无人啧啧称奇。你与生俱来的人格，不一定就是你的真实本色，除了你所遗传到的特征，父母、朋友和同侪都曾帮助你塑造个性。不过，你要重新创造自己成为光彩照人的人物，把自己如同陶土般捏塑，就是你人生最伟大的一项任务。让自己在本质上成为艺术家，一个创造自己的艺术家。不要接受社会强加于你的角色。

重新创造自己，塑造一个既能够引人注目，又永远不会让观众厌烦的新身份。成为自己形象的主人，好过让别人为你界定形象。将戏剧性的设计融入你出现在公众场合的姿态与行动，你的人气会增强，同时人格也会显得比一般人更加突出。

如果一个人每天过着怠惰懒散的生活，朋友会逐渐远离你的。一个人交友的范围越广、越会振奋自我挑战之心，否则别人会觉得你的魅力退色。为了保持此种人际交往上的魅力，只是心地善良或个性亲切是不够的，还需要一些新刺激，让人不生厌倦，来制造新鲜的感受。而要想养成不会令人厌倦的个性魅力，除了先天上个性的优点外，还需要努力将自己的特性加以改进，以求进步。只有如此，才能更加鲜明地展现自己。

有时候，你需要摆出架势让别人能看到你，让其他的事情仿佛不存在。展现自己，填满空白，掩盖缺陷，赋予一切事物第二生命，尤其是有真实功绩支撑的时候。而要想避免自己昙花一现，被其他人盖过你的知名度，你一定要时时更新自己。如果你一成不变，大众会逐渐厌倦，不再拿你当一回事。

能给凡人带来崇高威望的，莫过于展宏图，立大业，大展其个人的才能。西班牙的国王——阿拉贡的斐迪南就是最好的例子。他原本是一个微不足道的君王，由于其名望与荣誉，却成为基督教国家中的首席国王了。

如果我们把他所做的事观察一下，我们便会发现这些事全都是规模巨大的，其中有些更是非常杰出的。当他在位之初，他向格林纳达进攻，这次行动为他的伟业的形成奠定了基础。最初，他从从容容地进行这次战争，无须害怕受到阻挠，因为他使卡斯梯尔邦的贵族们忙于战争，无暇注意到国王所采取的种种革新。这样，贵族们在不知不觉中，已经受到他的威望和权力的支配了。他能够利用教会和人民的钱来维持军队，又能利用这场长期战争，给自己的军队奠定基础，正是这支军队后来使他出了大名。

此外，为了能立下更大的功业，他总是利用宗教作为幌子，他干了一件利用宗教信仰实施的暴行——将所有的摩尔人从他的帝国里驱逐出去。世上真没有一件事比这次事件更可悲与更突出的了。在同样的宗教外衣的掩盖之下，他进攻了非洲，出兵意大利，最后攻击了法兰西。他就是这样不断地计划着伟大事业的，这些功业使他的人民总是处于悬念与赞叹的心情中，并且关注着它们的结局。这些大事又是前后相继地发生着，以至他的人民随着事件的发生和时间的推进而更加崇敬他。

能够抓住几件出色的事例来显示一下自己的伟大，这对于想获得人脉的人来说是很有利的。你所做的事情只要是令人惊讶的，并且能够不断地做出更为伟大的事业，这种方法总是能够被众人多方谈论称颂的。不过最重要的是：你应该在每个行动上，都要竭力给自己争取伟大与英明的美誉。

一位美国的房地产商新建了一幢大楼，大楼各方面条件都很不错，就是广告没有新意，都淹没到广告海洋中去了。正在房地产商感到头痛时，守大楼的人员来报告说有一大群鸽子飞进了大楼，在一些空房间住了下来，请求派些人协助把鸽群赶走。地产商灵机一动，他命令不得动那鸽群，他立即找来广告部全体成员进行了一次全新的广告策划。

首先，他派人打电话给动物保护协会，让他们知道鸽群的事，并请求派人协助捕鸽以防伤害了鸽子。然后派人打电话给电视台、报社等新闻单位，让其知道动物保护协会捕鸽的新闻。这些新闻单位觉得此事很具有新闻价值，都决定动用各种手段大力宣传。第二天，动物保护协会的捕鸽行动开始了，各家新闻单位大力宣传报道。广告部的成员也在此活动中大力宣传关于此楼的情况。这家房地产公司的头目们也纷纷在新闻中露面，对大楼大力宣传。

由于捕捉行动小心而缓慢，整整一周的时间，各家新闻单位都对捕鸽行动的进展进行报道。大楼的宣传也真正深入人心，而大楼的销量猛然大增，不出一个月即销售完毕，并且其房价比其他房价都高。这就是创新的广告宣传法。

创新就是找出一条与众不同的路，找出新意，而不被常规所束缚，这不仅需要灵感，也需要有一种冒险精神。往往一种全新的思维正确与否，成功与否是很难确定的，必须具备了准备失败、不怕失败的勇气才敢放手去做。也只有放手去做，勇敢地正视一切而不墨守成规，不抱着陈旧的经验不放，才能取得真正的辉煌。

有句话说得好："新技术、新知识的储存，正如同我们把钱存到银行里去，到时候一定会有利息可拿。"无论何时都要保持革新，随时问自己要如何用新方法做事。如果你不知道该从何下手，有一个最简单的方法：写下十件你想做但有点冒险的事，把它们由易而难按照顺序排列下来，从第一项开始，每天冒一个险，做完后就从清单上除去，然后记得对自己说一些好话，鼓励一下。

今天就开始行动，冒险总比墨守成规让你更有机会在众人面前出头。如果你不想被淘汰，你必须竭尽所能获得相关领域任何的新知，耕耘出一片专属的园地，并使自己成为不可或缺的人物。还记得恐龙是怎么从地球上消失的吗？给你一个最好的建议：要想拓展人脉，就不要学做现代恐龙，要时刻注意自己的形象，并懂得如何将其发扬光大。

王尔德说："只有缺乏想象的人做事才一成不变。"跳出常规，你就会发现一个全新的世界等待着你；跳出常规，你就会发现通向成功的新途径。

8. 时刻都要注意细节

小节永远不容忽视，千里之堤，溃于蚁穴，九层之台，起于累土，小节虽小，影响甚大。做一个讲究礼仪、举止得体的人，永远是社交场上的宠儿，也是命运女神的宠儿。

正确处理小节是办好大事的基础

你绝不可如此认为，小节虽小，无碍大事，小节的意义却并不一定小，正确处理小节在很多时候是办好大事的基础和前提。

丢失一个钉子，坏了一只蹄铁；坏了一只蹄铁，折了一匹战马；折了一匹战马，伤了一位骑士；伤了一位骑士，输了一场战争；输了一场战争，亡了一个帝国。

从逻辑学上说，这几个因素都是无法正确推断的吧？比如说丢了铁钉未必蹄铁就会坏，蹄铁坏了马可以停下，未必会伤，即使马摔了，骑士也未必受重伤，即使一个骑士受伤了，还有其他的骑士，即使输了一场战争未必就会亡国吧？实际上，这样的事情确实发生了。

以前有一位国王为了国家的生死存亡，不得不亲自出征。大战前，他命令马夫给他的马更换马蹄铁，然而出兵前却发现马蹄铁少了一个马蹄钉，但又一时间找不到。于是，这位国王不得已骑着这匹少钉了一个马蹄钉的战马出征了。然而就在拼杀冲刺时，国王骑的这匹马却因少了一个马蹄钉而摔倒，这位国王也在这场战争中丧生，最终导致了国家的灭亡。

在人际交往过程中，你时刻都要注意细节，千万不可忽视小事情。忽视小节，你可能就会像这位国王一样"马失前蹄"。或许你相信"熟不拘礼"这句话，认为非常熟悉的朋友之间，繁文缛节只能让人觉得厌烦，觉得虚伪。但这并不是说，朋友之间就不需要讲究任何礼仪，完全不拘小节。礼仪是一种外在的形式，它的内涵是对别人的尊重、对自己的尊重。如果没有一定的外在形式，内涵也就无以存在、无以表现。所以，在任何场合，礼仪都是需要的，只不过礼仪的表现形式有所区别罢了。在英语国家，如果你没有听清别人的话，想请他再讲一遍，而他和你关系较远，你可以说："I beg your pardon?"如果他是你的朋友，你可以说："Pardon?"假如他是你的家人，那就简单了，只要说："What?"不同的礼仪表示着人际关系的亲疏远近，这正是特别需要讲究的地方。如果一味随心所欲，不分场合、不管对象、不在乎具体的语言环境，麻烦将是不可避免的。

泰国人至今还愤然不平地谈论一件令他们感到耻辱的外交往事，那是在20世纪60年代中期发生的。当时美国总统约翰逊应邀访问泰国，这件新闻在泰国的电台和报纸等新闻媒介作了大量宣传之后，引起了轰动，泰国人都期望一睹约翰逊的风采。泰国国家电视台对泰国国王接见约翰逊总统的场面进行了现场直播。可是，美国总统约翰逊的举动却令泰国观众大为失望。

在贵宾室，国王接见约翰逊，分宾主坐下之后进行会谈，约翰逊坐在沙发上，脚却高高地跷在沙发扶手上，很不雅观。观众只能看见这位瘦长的得克萨斯人高高地跷着脚，脚底板冲着观众，似乎在和国王指着鞋子说什么。谁知一波未平，一波又起，刚才无礼的举动造成的紧张气氛尚未消散，这位美国总统又站起来，走向邻座的泰国王后，还没等人们明白是怎么回事，他就和王后来了一个得克萨斯式的热烈拥抱，王后是躲也不是，不躲也不是，窘得手足无措，国王也面露尴尬之色。这一得克萨斯式的拥抱使得全国的电视观众惊诧不已，异常愤怒。第二天，泰国的新闻媒介就对约翰逊的失当举动作了猛烈抨击，结果约翰逊总统只得怏怏而归。

泰国是个君主立宪制的国家，王室的礼仪还严格地保存着。按照泰国宗教的要求及王室的礼仪，国王是神圣的，不能被触摸，而王后更是金身玉体，谁也碰不得。约翰逊不了解这方面的礼仪，用对待美国人的礼仪来对待国王和王后，自然会产生不愉快。他前面跷脚的举动，不但对国王和王后不礼貌，就是一般的会见也不可取。更何况拥抱王后触犯了宫廷礼仪的大忌，那么泰国观众的恼怒谴责，则是自然而然的了。

约翰逊总统是不能以东西方文化传统不同来为自己辩护的。无论在哪里，无论在什么地方，把脚放在扶手上都是过于随便的动作。和异性拥抱也不是随时可以施行的礼节。归根结底，约翰逊总统应该责怪自己不拘小节。正是他的不拘小节，使他在庄重的场合犯了礼仪上的错误，从而令泰国人愤愤不平。

礼仪是人们不可少的行为规范。在社会上，存在着多维的、复杂的、错综的人际关系，如上司、下属、同事，这是工作关系；邻居、街坊、老乡，这是地域关系；父母、兄弟、夫妻，这是亲属关系。为了保证在这些错综复杂的人际关系中和谐地进行人际交往，人们就需要礼仪。在这些交往之中如果做到长幼有序、亲疏有别、交往有礼，处处讲究礼仪，按社会的规范和风俗行事，以文明礼貌待人，人际交往就可以做到融洽、和谐。反之，不管你在人际交往中主观愿望如何之好，但如果不拘小节、不讲礼仪，那就绝对达不到预期的效果。

约翰逊总统泰国之行的失利，其原因正在于他的失礼。他的随便和轻率使泰国人觉得缺乏应有的尊重。约翰逊似乎忘了，他不是在自己家的客厅里与朋友聊天，也不是参加周末的野餐活动。他是在一个相当严肃而重大的场合，他应当以认真、严谨的语言和举止表现出自己对这一切重要性的认识。可惜他没有做到，所以他就同样地失去了泰国人对他的尊重。

英国女王曾经说过："礼仪是防止由于无礼、放肆和教育不良而产生的各种冒犯行为的非常有效的手段。"她的话显然是正确的。不过，会引起冒犯的不仅仅是无礼、放肆和教育不良，也可能是不拘小节。1991年2月，英国女王出访澳大利亚，工党总理基廷在堪培拉会见她时，竟用手亲密地揽住她的腰。也许基廷想借此表示英联邦成员之间家庭般的亲密，更可能是无心的习惯动作——这对于接受英国传统教育的绅士来说，这样做也是表示对女士的尊重。但是他忘了，身边的这位老太太并非一般的贵妇，而是英国的女王。基廷所做的恰恰是王室的礼仪所禁止的。所以，看到这一幕的英国人大为愤慨，第二天，英国的报界几乎是异口同声地斥责："放下你的爪子！"英国人的生气是有道理的。基廷先生胳膊的一个下意识的动作，正好暴露出他心中的严肃性不足，暴露出他对英国王室礼仪的无知，暴露出他对英国女王的来访缺乏必要的和充分的准备。基廷总理的不拘小节损害了英国女王的尊严，因而伤害了英国公众的自尊，反过来也破坏了自己的形象。基廷先生心里也许会非常委屈，因为他实在没有故意冒犯女王的企图，那不过是一时不留神而已。但英国人可没有耐心听他的解释，无礼就是无礼。不拘小节带给别人和自己的都是尴尬和难堪。

一声口哨换来50年牢狱之灾

实际上，任何人之间都是有距离的，这个心理距离就是由各人的自尊造成的。每个人都渴望别人的尊重，渴望自己的价值得到别人的认可，渴望自己的奉献得到别人善意的回报。所以，礼仪的存在就成为不可缺少的了。礼仪既是一条纽带，将人与人之间的关系联结得更加牢固，又是一条隔离带，可以避免人与人距离过近时所必然带来的摩擦和碰撞。不拘小节正是拆除了这条隔离带，直接地给别人的情感以猛烈的撞击，故而往往在不经意之间给别人的感情造成了实实在在的、难以弥补的伤害。

不拘小节虽然不会伤害别人，却会给自己的事业或生活带来难以估量的损害。

1786年春天的一个夜晚，法国国王路易十六的王后，玛丽·安东尼来到巴黎戏剧院观看戏剧，当她仪态万方地出现在剧场里时，全场观众都站了起来，一片沸腾的景象。顷刻之后，欢声笑语逐渐平息，剧场将要恢复安静，正在这时，观众群里有个年轻的公爵叫奥古斯丁，自以为风流倜傥，他站起来向王后"咻！""咻！"吹了两声很响的口哨。不料，国王路易十六知道此事后，勃然大怒道："哪里来的毛头小子，竟敢调戏王后！"然后，他便命令将奥古斯丁抓起来，未经过任何审判程序，年轻的公爵就被关进了监狱。

三年过去了，外边的世界已是天翻地覆。1789年7月14日，巴黎人民摧毁了巴士底监狱，引发了一场声势浩大的法国大革命，可是这似乎与奥古斯丁毫无关系。又过了四年，路易十六和王后玛丽·安东尼相继上了断头台，然而还是没有人想到替奥古斯丁申冤。

到了拿破仑执政之后，他于1831年下令彻底清查旧案，为冤狱翻案，官员们这才发现土牢里有个因吹口哨而被监禁的公爵。谁知正当要办释放手续时，拿破仑失势被流放到了厄尔巴岛。于是，这件事随之被搁了下来，等到拿破仑再度执政掌权时，谁也不记得奥古斯丁的冤案了。直到 1836 年，被关押了 50 年之久，年纪已经 72 岁的奥古斯丁才被释放。奥古斯丁只因吹了两声口哨，竟换来了 50 年的牢狱之灾。

奥古斯丁用两声口哨换来 50 年的牢狱之灾的确得不偿失。他轻佻的行为对于一个位高权重的人来说，无疑是一种挑衅，他的这种行为是对人的尊严肆意践踏。在大庭广众之下，竟然对着王后吹起口哨来，在奥古斯丁看来，可能是想表现一下自己的与众不同，以引起王后的注意，想出出风头而已，可对王后来说，奥古斯丁的行为自然意味着调戏。因为王后只由侍女们陪着，又是那样光彩照人。路易十六知道了当然恼火，调戏王后，实际上又意味着对皇权的蔑视。而当时法国的封建统治正处在风雨飘摇之中，国王自然会把这两者联系起来，这样，奥古斯丁的悲剧就不可避免了。

你绝不可让奥古斯丁的悲剧在你的身上重演，时时刻刻都要注意自己平时的行为习惯，要用较为规范的、文明的、约定俗成的行为习惯来严格要求自己，这样就不至于在社交场合出现失误。奥古斯丁是一个纨绔子弟，优裕的生活和优越的环境使他养成了一种轻佻的个性，养成许多不良的行为习惯，吹口哨就是其中的一种。和任何生活习惯一样，行为习惯也是在个性的驱使下长年累月重复养成的，习惯了就自然了，稍有疏忽在社交场合中就不知不觉地露了出来。无论是对高高在上的统治者，还是一般的人来说，这种丑陋的做法并不会提升你的身价，相反，这种行为只能使更多的人嘲弄你。

吹口哨这样一类的行为，交际学把它归入"类语言"一类。"类语言"是指有声而无固定意义的语言外的符号系统。包括说话的停顿、沉默、咳嗽、呻吟、叹息、掌声等。这些符号是功能性发声，不分音节，却能发出声音的语言。在交际过程中，有它独特的交际价值。比如可以通过掌声来表示"欢迎"、"赞成"之意,也可以用掌声来表示否定、拒绝。重要是看你如何运用它,像有意咳嗽是一种提示或暗示的信号,如果学生课堂纪律不好,教室里不安静,教师可以用咳嗽予以警告。如果别人在讲话你却咳嗽起来,就不妥当了。开头所讲的吹口哨在一般的情况下是一种心情愉快的自娱,但是如果你对着别人吹口哨,就有一种信息传递意义了。一般来说对别人吹口哨含有一种轻佻、戏弄或蔑视对方的意思,在特殊的场合这样的负效应更大更复杂。所以最好不要对着人吹口哨,否则,虽然你不会演出奥古斯丁那样的悲剧,但恐怕你的人际关系也要紧张了。

讲究礼仪、举止得体的人会拥有旺盛的人脉

有时候,一个细节,一句话,甚至一个小小的动作都会反映一个人的礼貌礼仪,而这常常是给人的最初也是最直观的印象。良好的教养本身就是财富。举止优雅的人之所以能够成功,秘密就在于他们时刻在意细节,并懂得如何尊重他人。

苏联宇航员尤里·阿列克谢耶维奇·加加林乘坐东方号宇宙飞船进入太空遨游了108分钟,成为世界上第一位进入太空的宇航员。加加林在20多名宇航员中,之所以能脱颖而出,起决定作用的是一个偶然事件。

原来,在确定人选前的一个星期,主设计师科罗廖夫发现,在进入飞船前,只有加加林一人脱下鞋子,只穿袜子进入座舱。就是这个细节使加加林一下子赢得了科罗廖夫的好感,他感到这个27岁的青年如此懂得规矩,又如此珍爱他为之倾注心血的飞船,于是他决定让加加林执行这次飞行任务。

无论你是否有机会接受良好的教育，无论你的社会地位高低或财富多少，无论你的志向有多远大，只要你想要成功，你就应该要求自己开始注意一些生活中看起来琐碎的小事。说一句简单的"谢谢"，对任何一位服务员都进行友好的称赞，即使服务是有偿的；由于你给他人带来了不便和打扰，真诚地说一声"对不起"；设身处地站在别人的立场来看待问题，考虑别人的感受；耐心倾听别人的谈话，对其谈话内容表现出兴趣，这些都是我们通常所说的小节，都是我们应该做到的。

一个人要想拓展人脉，在实际工作和生活中一定要拘小节。忌讳人际交往过程中的一切令人反感的细节问题，如当众抠鼻子、挖耳朵、脱鞋子；不敲门径直闯入别人家，进门后一口把痰吐在地板上，临出门又把主人正在读的书刊拿走。随随便便，大大咧咧，只图自己一时痛快，不顾别人方便不方便。这种不拘小节的行为实际上是一种轻视别人的行为，是不尊重他人的一种表现，最不讨人喜欢。

要谨记和遵守职场上的忠告：不做办公室流言传播者般的讨厌虫，不做自以为是的半瓶醋，不做媚上欺下的马屁精，不做搔首弄姿的狐狸精。不要让人们看你像个神奇小子般行踪不定，否则人们会认为你难以捉摸和不可信赖，也不要言而无信，那样会让你周围的人生活在惶恐之中。

在交往时，言行举止往往与人的内心世界联系在一起，因此对于个人的言行举止，也必须注意。因为这些言行可能会使对方对你产生好恶之感，从而在一定程度上影响交往的成败。我们总要时时反省、审视自己的举止言行，虽然只是一些小节，但是平时应多加注意才会让对方对你产生好感。

总而言之，不拘小节，不讲礼仪是人际交往中不容忽视的误区。千里之堤，溃于蚁穴，九层之台，起于累土，小节虽小，影响甚大。讲究礼仪，就是尊重别人、尊重自己，就是为自己的生活和事业开辟出一条宽阔的金光大道。这需要耐心、细致、谨慎，需要多方面的知识储备，需要设身处地地为别人着想，需要在生活中不断学习、不断磨炼、不断纠正自己，一个讲究礼仪、举止得体的人，永远会拥有旺盛的人脉，永远是社交场上的宠儿，也将是命运女神的宠儿。

9. 别让优越感害了你

我们对才能的使用，一定要像使用金币一样，太吝啬不对，太奢侈也不对。适时根据情况展示你的才华，才会赢得别人的好感，而不是忌妒的毒箭。记住，千万别让优越感害了你，因为自以为聪明的人往往不得善终。正如人们所说的那样："你的愚笨，便是他的骄傲；你的聪明，便是他的耻辱。"

不要以为自己比别人聪明

这是一个尊重人才的时代，也是一个人才可以充分实现自己价值的时代。然而，这并不意味着人才生活在真空中。作为人才，千万不要天真地以为单凭实力就可以大有作为了。当你的人际关系被破坏了，牵手掣肘的事随之增多，大量的时间和精力就会耗费在看起来无聊而又不能不认真对待的事情上，这极有可能使你一无所成。

当我们有一件值得称赞的事情被人发觉之后，人们自然予以称颂；但若我们自我夸耀地叙述出来，只能得到别人的反感和轻视。现在检查一下你是否说过这些话："幸好他听从我的指点，否则他不会有今日的成就"、"这帮家伙都是蠢东西，不知他们整天忙些什么，我毫不费力就把它研究出来了"、"你瞧，我这事做得多漂亮啊！你能够和我比吗？"……这一句句夸耀的话，都犹如一粒粒恶的种子，从我们的口中出去，种在别人的心里，滋长出厌恶的幼芽。

每个人都有炫耀心理，这是人的天性。美国作家艾本斯坦就曾在《势利》一书中举了很多美国名人爱炫耀的例子，如美国前总统老乔治·布什，有意炫耀自己的"贵族"背景，《了不起的盖茨比》的菲茨杰拉德也"对贵族充满幻想"，甚至艾本斯坦本人，因有人评论"你儿子看上去就像一位真正的布鲁克家的孩子"，他虚荣得飘飘然。

炫耀，无非是一种势利，特别是年轻人，是一种孩子气般的势利，当孩子们甚至以比别人尿得远作为一种荣耀，还有什么样的炫耀手段是不可理解的？艾本斯坦是这么论述的："炫耀的目的就是为了给别人留下深刻印象。"

然而，过分的炫耀会让别人感到不舒服。不要以为自己比别人聪明，自以为聪明的人往往不得善终，而真正大智大慧的人，表面上都似乎有点"愚"。不败人生，"才"不外露。

心理学研究表明，人普遍有一种自我优越感，而且一个人的行为、情绪往往与这一优越感有着极大的关联；一旦他意识到自己的可笑幼稚或愚蠢，那种优越感便会给自我一个爽快的奖赏。反之，优越感由于感到自我的失败，而这失败是对方造成的，便会产生一种近乎专横的粗暴，并通过情绪、行为或语言把这种粗暴施加于对方，甚至产生一种不挫败对方绝不罢休的厌恨。

所以，这是一个可怕的阴暗领域，然而，它又是那么普遍存在。作为人的劣根性之一，它像个幽灵，缠着人类不放。我们看不惯这一可恨的家伙，但却拿它毫无办法。在此之前，我们甚至不知道它的存在，尽管在日常交际中，我们时常感到有某种东西在驾驭着人们的情绪，我们一不小心，它就要煽起对方的怒火与厌恨，更糟的是，有时候我们根本不知道自己做错了什么，为何就让对方忽然对自己冷淡起来？

我们之所以这么无知，全是因为我们自己也在犯着同样的毛病：自作聪明，过分相信自己。就是因为这个毛病，我们时常在无意中因抓住对方的缺点或错误而没加遮拦地加以指出，而这极大地伤害了对方精心为自己构造的优越感。又或者，我们时常在无意中抓住一个显示自己聪明的地方，便迫不及待地希望对方能注意到自己的智慧，而这无疑使对方的优越感感到极大的不满。而事实上，我们的"无意"也并非真正的无意，而是我们习惯了"有意"之后从而对"有意"产生的一种淡漠的感觉。这种"无意"往往就是最为深刻的"有意"。

约翰·华纳梅克曾说："有些人不知道，自己总是随身带着一把放大镜，当他们希望时，就用它来看别人的不完美。"其实，"有些人"是多么保守的字眼，华纳梅克对人类社会也太过温和了，因而才显得那么留情面。"别人的不完美"往往给观察者一种高人一等的优越满足感，而同时忘记了自己身上也有着同样的不完美。而当我们看到他人的才智，看到他人的成功时，我们所兴起的就不仅仅是妒忌，甚至还会因此而对他人产生一种毫无来由的厌恨与不屑，当我们看到荧屏上的这类形象时，我们打心底里发出鄙夷的哼声，而此时，我们却多么可笑地暗自认同了自我。

记住：你的愚笨，便是他人的骄傲；你的聪明，便是他人的耻辱。

善于驾驭自己的才智

拥有才干总不是一件坏事。有人为自己的愚笨发愁，但很少有人为自己的聪明而自寻烦恼。任何人都希望自己满腹学问，才华横溢。然而，才干就似一把双刃剑，既可以使人功成名就，生活美满，也可能使一个人四处碰壁，名毁利丧。因为，无论世界的存在，还是个人的命运，都不仅仅是由人的才干所决定的。在众多的决定因素中，才干当然是不可轻视的，在很多时候甚至是至关重要的，但它的作用毕竟还是有限的。它毕竟不是牛顿所说的"第一推动力"。对于一项事业的成败，对于一个人的进退，才干有时候发挥的作用并不像人们习惯上认为的那样。一个人如果不善于驾驭自己的才智，使自己发达的大脑与周围的环境产生难以调和的矛盾，它所带来的也许不是成功的喜悦，恐怕还会是失败，甚至是灭顶之灾。

三国时的杨修是个难得的才子，他的被杀，一直是人们争论不休的话题，仁者见仁，智者见智。有人说曹操杀杨修是出于忌妒，有人说杨修之死的祸根是炫才显学，他的死是自取灭亡。俗话说，一个巴掌拍不响，曹操杀害了杨修，从社会交往这个角度来看，恐怕不能仅仅归罪于一方。曹操生性残忍好杀不假，嫉贤妒能难以容人也是真，但他毕竟是他那个时代的枭雄，胸怀大志，有包容天下之心、囊括四海之意，且文韬武略无不烂熟于胸，他懂得人才的极端重要性，即使要去掉眼中钉，也不至于如此急不可耐，至少得等到"狡兔死"、"飞鸟尽"之后吧？可事实上曹操还是把杨修给杀了。

曹操欲杀杨修，并非一时冲动，而是早有此念。有一次，曹操修建了一座花园，竣工后，曹操去查验，可看了以后什么也没说，只在门上写了个"活"字，就扬长而去，众人面面相觑，不知何意。杨修见状，略一沉思，便恍然大悟，对众人说："门内添个'活'字，不就是个'阔'字吗？丞相嫌门太阔了。"众人依照杨修的意思加以修建，果然正中曹操下怀。又有一次塞北送来一盒酥，曹操提笔在盒上写下"一合酥"，置于案头起身离去。大家不知曹操何意，不敢轻举妄动。杨修进屋见了，大大咧咧地走过去，拿起来分与众人吃了。曹操问起，杨修解释说："丞相在盒面上写了'一人一口酥'，我不过是照着丞相的吩咐分与大家吃了，我们怎敢违背丞相的旨意呢？"曹操听了，心里不快，但还是故作潇洒地哈哈大笑了事。

倘若杨修仅是在这些小事上显示了一下自己的聪明，大概也就没有了以后的麻烦事，但杨修生性恃才狂傲，不知收敛。曹操曾经吩咐左右说："我在梦中好杀人，要是我睡着了，你们都不要靠近我。"一次曹操在帐中休息，被子掉落在地上，一个侍卫过来给他拾起盖上，曹操从床上一跃而起，手起刀落，斩杀了侍卫后，又回到床上睡去了。醒来后一看地上的尸体，大为吃惊，失声痛哭，很是悲伤，又连声追问是谁杀害了近侍，命令厚葬这个死去的人。大家见丞相如此伤心，都以为所谓梦中杀人的话不是吓唬人的，不禁凛然。杨修深知曹操的用意，安葬时，指着棺材感叹说："哪里是丞相在梦中，分明是你在梦中而不知呀！"原来曹操知道自己树敌太多，为防止有人趁自己睡着了下毒手，就编造了梦中杀人的谎言。杨修的话传到曹操那里，曹操大为光火，心里更加嫉恨。

杨修之死，是在魏蜀交锋，曹操战事失利、进退两难的时候。当时曹操正为战事犹豫、烦恼，厨子送来鸡汤，碗中的鸡肋使他颇有感触。此时，恰有人进来请示晚间号令，曹操便随口说道："鸡肋，鸡肋"。杨修见传"鸡肋"二字，心中已猜知曹操无意恋战，便令随行军士收拾行装，准备归程。有人问为什么，杨修说："鸡肋，鸡肋，食之无味，弃之可惜，丞相现在是进不能攻，退又恐人笑，心里正矛盾着，看来此地对我军不利，不能久留，明天一定会班师回朝。"于是众人皆确信不疑。军中人心惶惶，大家手忙脚乱，收拾行李，准备撤退。曹操见状，大为吃惊，急问原因，方知杨修走漏了风声。他忍无可忍，喝令刀斧手把杨修推出辕门斩首示众。

杨修之死与他对自己才华的浪费式使用有着直接的关系，作为才华出众的人，杨修理应懂得一个胸怀大志的人，一个有抱负的人才，应该把自己的才华用在刀刃上，而不应该挥霍在毫无意义的琐事上。他应该懂得韬晦之策，应该知道在什么时候收敛自己，什么时候显露出自己的锋芒，脱颖而出。做不到这一点，算不上是一个真正聪明的人。杨修虽然死得冤枉，死得可惜，但他对自己才华的铺张浪费，却也是他走向死亡的一个不可忽视的因素。

在小事上展现自己的才干，不仅极大地减轻了自己的分量，而且也容易招到别人的忌妒，正所谓人先自侮而后人侮之。所以，杨修的死是个悲剧，是一个在天才身上不应该发生的悲剧。明代人吕坤说："精明也要十分，只须藏在浑厚里作用。古今得祸者，精明人十居其九，未有浑厚而得祸者。今之人惟恐精明不至，所以为愚也。"杨修对自己的聪明不仅不加掩饰，反而不论时机，不顾场合，不管对象，不分事由，一概以聪明人自居，生怕别人不知道似的，终遭杀身之祸。

学会如何展示自己的优点

没人能每天都成功，但每个人都会有一展才干的机会，要善加利用，既然我们具有天赋，那就应该充分展示它。但切忌不要一下子展露你所有的本领，袖里乾坤不可一泄而尽，手中的牌应该一次摊开一张。适时根据情况展示你的才华，才会吸引别人羡慕的目光，而不是忌妒的毒箭。

大智若愚，没有深厚的人生积累是无法做到的，这是在深刻洞悉人情世故的基础上表现出的一种宽容、一种风度、一种耐心等待并寻找机会的姿态，这种姿态必然会提高自身的威望，而自恃有才傲视众生的人是无法做到这些的。

才干给人带来的或好或坏的结果，只能由人来负责。一个饱经沧桑的西方哲人说："我们对才能的使用，一定要像使用金币一样，太吝啬不对，太奢侈也不对。"的确如此。"才干"应该成为我们忠实的奴仆，而不应该成为可以任意蹂躏我们的暴君。它应该给我们带来幸福、智慧和成就，而不是自虐式的虚荣、忌妒和怯弱。

无论是检索历史，还是环顾现实，我们都不难看到，许多有识之士都因各种原因穷困一生，孤独而居，无所作为。这里面有一些人是看穿了污浊的现实而对现实持一种拒不合作的态度，他们有自己独特的人生理想和追求，在现实中或佯狂作假，放荡不羁，或隐逸超脱，遁世绝俗，这些都应该另当别论。但如果入世在名利网中摸爬滚打，或苦心经营柴米油盐，却偏要表现出一种非常人的姿态，时时都要显出高人一等，那么，即便你真的高人一等，对你的生活也不会有什么益处。杨修只是千千万万个被才能拖累的才子之一。

道理谁都不会反对，然而恃才自傲，轻慢他人的现象还是屡见不鲜。据报载某作家创作研讨会上，一位年轻有为的青年作家对于评论家的溢美之词欣然接受，而对专家们的善意批评却无动于衷，甚至反唇相讥，公开表示对专家们的不恭和蔑视，引起与会者的一致不满。本来大家是怀着热情帮助、激励他创作的良好动机来的，却遭受了如此的对待，心情可想而知。这位青年自视甚高，自以为光凭自己的才干就可以打出一片天地，却不知道天外有天，人外有人，在强手如林的文学队伍里，没有行家的指点，没有专家的扶持，靠个人单枪匹马去闯，即便能闯出一条路，那也要多走许多弯路，更何况还有可能碰壁。一个人的成功，自力更生当然是至关重要，但也离不开其他人的扶持与指点，对于一个有才干的人来说，懂得这一点并尽可能实践尤其重要。

宋代人苏东坡在论述"勇"的时候，写道："古之所谓豪杰之士者，必有过人之节。人情有所不能忍者，拔剑而起，挺身而斗，此不足为勇也。天下有大勇者，猝然临之而不惊，无故加之而不怒，此其所挟持者甚大，而其志甚远也。"把这段话中的"勇"换成"才"、"智"也完全可以。中国有一些成语，比如"大智若愚"、"大巧若拙"，说的也是这个道理。真正的才智，不是表现在鸡毛蒜皮的没有意义的小事上，而是在关键时刻，能够游刃有余地面对和处理。所以，真正的"智"者倒不一定张狂炫耀，从外表上看，他可能比那些自以为聪明的人还愚蠢。这才是人生的至高境界，才是大彻大悟大智大慧。他们混混沌沌，不显山露水，不事张扬，含而不露，引而不发，而实际上却眼观六路，耳听八方，心如明镜，只是虽看透了未必说破，知根未必亮底而已。

适时得体地展示自己的聪明才智是必要的，是无可厚非的，这就像毛遂自荐一样，毛遂不过是赵国平原君的一位门客而已。他一直在耐心地等待机会施展才干。当秦国攻打赵国，平原君奉命到楚国求救时，毛遂感到自己的机会来了，就请求随行。到了楚国，平原君和楚王谈了一个上午也没什么结果。毛遂挺身而出，唇枪舌剑，陈述利害。听惯了文臣武将们的滔滔宏论的楚王，陡一听毛遂干脆果断、是非分明的言论，大受启发，结果答应派春申君带兵去救赵国，毛遂于是脱颖而出。

所以，问题不在于该不该展示自己的才干，而应该看是在什么情况下展示。韩非子有"虽无飞，飞必冲天；虽无鸣，鸣必惊人"之说，说的是不鸣则已，一鸣惊人。其实，鸣的时候是那么壮丽耀眼，不鸣的时候也不似人们理解的那样无所作为。无论怎样，你都要学会把才干用在刀刃上，而不是浪费在廉价的日常琐事或毫无意义的自我炫耀上。这就使你的才能格外耀眼夺目。如果你肆意挥霍与滥用才干，把才干一点一点地零售给看热闹的人，自然会遭到人们的记恨。

爱自我夸耀的人，是找不到真正的朋友的。因为他自视清高，鄙视一切，不大理会别人意见。这种人只会吹牛，朋友们避之唯恐不远。这种人常自以为最有本领，觉得干什么都没有人比得上他，往往瞧不起别人，结果往往使自己成为孤立者。常言道："面子是别人给的，脸是自己丢的。"这话足以发人深省。一个人若真正具有某种本领或才智，自然会得到别人的公正赞许。这赞美的话若是出自别人之口，才具有真正的价值。如果一个人总是对自己的成绩自吹自擂，夸大其词，其实是一件很丢脸的事。凡是有修养的人，都不随便评价自己，更不会夸耀自己。他们很明白，个人的事业行为，旁人看来是清清楚楚的，好坏别人自有公道，不必自吹自擂，与其过分夸耀自己，不如表示谦逊。

表现适度的深不可测会吸引人

如果你渴望引人注目，那么就开始训练自己隐藏意图的技巧，娴熟的隐藏艺术将让你永占上风，众人若总能正确预测到你的反应，你便会失去权威感。为不受任何人摆布，表现适度的深不可测，会吸引更多人接近你探求个究竟。

有很多人像是一本被翻开的书，让别人一览无余。他们只要有机会就将自己的感受和意见脱口而出，而且总是透露出计划与意图。因为谈论个人感受与未来计划，是再自然不过而且轻松容易的事。他们误认为许多人相信诚实与开放的态度能让他们赢得别人的真情，同时展现自己美好的本质。

事实上，并非如此。你的诚实很可能会冒犯别人。比较审慎的方法是修饰你的言辞，告诉别人他们想要听的话，而不是你感受到或思考到的东西。更重要的是，厚颜无耻的开放会让你自己无所遁形，几乎不可能让人敬重或畏惧。如果你无法激起这样的情绪，想要获得人脉是不可能的。

朗克洛·狄妮娜是17世纪法国的名妓,她对掠取异性的心经验老道。一次她很有耐心地聆听着塞维尼侯爵向她倾诉他努力追求一位美丽难缠的年轻女伯爵的事。狄妮娜当时62岁,在爱情方面阅历丰富;而侯爵是个22岁的少年郎,英俊、倜傥,但是在恋爱方面却青涩无比。一开始狄妮娜颇有兴致地听着侯爵谈论自己的错误,但最后她终于听厌了,无法再忍受他任何愚蠢笨拙的表现,尤其是追求女人方面。狄妮娜决定教导这位侯爵如何对女伯爵展开攻势。

首先,她让他了解这是一场战争,那位美丽的女伯爵是一座要塞,他必须像一位将军一样审慎地进行围城,每一步骤都得事先计划好,而且不厌其烦地关照到每一个细节和精微之处加以执行。

狄妮娜指示侯爵重新发动攻势,并教他保持一点儿距离去接近女伯爵,摆出漠不关心的姿态。她说,下一次他们两个单独在一起时,他要以朋友而非将来爱人的态度向女伯爵倾吐心声;这是要让她摸不清底细,让女伯爵不再视他的爱慕为理所当然——或许他只是想交朋友。

狄妮娜策划好所有的布局:一旦女伯爵迷惑了,就该让她尝尝忌妒的滋味。在巴黎的一次盛宴上,狄妮娜安排侯爵带着一名美丽的少女出席,这位美丽的少女有一批和她一样美丽的朋友,所以女伯爵不管在什么时候见到侯爵,都将会看到他被一群巴黎最出色的少女围绕着。当女伯爵发现侯爵是别人仰慕的对象时,忌妒便开始翻搅于心。

虽然很难让侯爵明白,不过狄妮娜还是很有耐心地向他解释:当女人对男人有意思时,她也希望其他女人喜欢这名男子。因为这不仅会让他身价百倍,而且从别人手中抢过来,会带来更大的满足。所以一旦女伯爵忌妒而且上钩了,就是掠获她的时候。在狄妮娜的指示下,侯爵不再出现于女伯爵预期见到他的场合,而是突然出现在他从未造访过但是女伯爵经常出席的沙龙,女伯爵将无法预测他的行踪。这一切使她的芳心大乱,而这正是成功追求的先决条件。

经过很长时间的谋划,狄妮娜监控着侯爵的进展。她听说女伯爵在侯爵妙语如珠时笑得特别卖力,同时更注意聆听他的故事,她也听到女伯爵时常打听侯爵的事情。狄妮娜的朋友还发现,在社交场合中女伯爵往往会注视着侯爵,观察他的一举一动。狄妮娜很有把握,这名少女已经臣服于侯爵的魅力,如果一切进行得顺利,再过一段日子,女伯爵马上就会成为侯爵的掌中之物了。

然而,几天之后,侯爵来到女伯爵家,他们单独在一起,侯爵突然在她面前像变了一个人似的,这一次侯爵没有听从狄妮娜的指示,全凭自己的冲动行事。他执起女伯爵的手,倾诉他如何爱她、如何为她痴迷,他的举动令女伯爵大惑不解,她开始变得很客气,然后借口告退了。他没有料到她会有这样的反应,她回避他的目光,甚至没有跟他道别。后来他几次造访时,都被告知女伯爵不在家,当她终于让他再度进门时,彼此都觉得尴尬难过,因为魅力已消失了。

在上述的故事中,一开始侯爵采取一些行动之后,女伯爵意识到侯爵在玩某种把戏,然而这样的游戏令她芳心大悦;因为她不知道他要把她引到何处,他的举止打动了她,每一次出招都让她期待他下一次的出击;她甚至享受自己的忌妒和迷惑,毕竟有时候任何情绪都好过平稳生活的单调无聊。或许侯爵有其他的动机,绝大部分男人都是如此,但是她愿意等着瞧,而且如果被吊足了胃口,或许他究竟是何居心就无关紧要了。

然而当侯爵说出致命的字眼"爱"时,一切都改观了。这不再是一场你来我往的游戏,而是拙劣的情感表达。他的意图泄露了:他在引诱她。这使得女伯爵以不同的眼光看待他先前的行为,原来迷人的一切现在变得丑陋不堪,而且还是自己默许的,女伯爵感到困窘难堪,也感到被利用了。一扇门关闭了就永远不会再度开启。

如果你渴望受到别人的注目,那么就开始训练自己隐藏意图的技巧,娴熟的隐藏艺术将让你永占上风。人类的第一直觉永远是相信外表的。我们不可能处处质疑耳目所闻所见的现实,不断地想象表象之下有所隐瞒会让我们心神耗竭,处于惊惧之中。这个事实使得隐藏个人意图简单多了,只要在人前摇晃你表面渴望的目标,人们就会将表象当成事实。一旦他们的眼光集中在你伪装的目标上,就识别不出你真正的居心。在求爱过程中,释放出冲突的信息,例如渴求和漠不关心,你不仅能让对方摸不着头绪,还会煽起渴望拥有你的激情。如果你是一家企业的领导者,在与部属打交道时,他们若总是能正确预测到你的反应,那么,你便会在部属那里缺乏权威感。为了不受部属摆布,表现出适度的深不可测,让部属不知道你会作何种反应,就显得有必要了。而表现深不可测的一种简便做法,就是让部属感到出乎意料,捉摸不定。例如,有人报告事情没有做好时,你应有时反应很平淡,有时却又表现得异常愤怒。

你应理解这就是一场战争,如果有人对你的意图起了最轻微的疑心,这场仗你就输定了。不要给别人任何机会意识到你真正的意图,沿途声东击西摆脱他们的追踪,设法制造一些烟幕,放出暧昧的信号,树立误导的目标,别人会因为分辨不出真假,无法抓住你真正的目标,而加倍地留恋于你。

当然,你不能毫无节制地运用这种技巧,众人会逐渐厌倦,心生怀疑,最后看穿你的整个把戏。最后你要记住:要隐藏你的光华,戴上不起眼的面具需要耐性与谦卑。不要因为必须戴上这样平庸的面具而难过——往往你的高深莫测会吸引人们来接近你，让你看起来魅力无穷。

10. 幽默是拓展人脉的无形资产

如果你想在社交圈子里成为引人注目的"明星"，必不可缺的一项素质便是幽默。幽默是一种人生的态度，也是一种人际交往的技巧。生活中，人们都喜欢同机智风趣、谈吐幽默的人交往。在某种意义上，幽默感是人际交往间的调味料，它可以缓解沉闷的气氛，也可以使人从尴尬的处境中解脱出来。幽默感是获得好人缘的优势条件，幽默的人，讨人喜欢，受人欢迎。

魅力来自幽默

幽默是一种大智慧，它可以成为人与人之间沟通时便捷的桥梁，舒缓情绪、减轻压力的药剂，也可以成为打开成功之门的钥匙，更可以为你我找到生命的哲理和真谛。有幽默感的人处处受欢迎，因为人们可以从他的幽默中得到快乐。笑和幽默是人类独有的特质。一个幽默的人，常给朋友带来无比的欢乐，并且在人际交往中增加人脉，备受欢迎。一般来说，一个人在谈吐中仪态自然优雅、机智诙谐、风趣、懂得自嘲、引人发笑，我们都可以说他是个具有幽默感的人。而能善用比喻，将有趣的故事导入主题，更能令人印象深刻。

马克·吐温曾说："幽默是真理的轻松面。"的确，幽默不是"正面的说理"，而是"侧面的笑谈"，使人在哈哈一笑之时，了解人生的哲理。总之，有幽默感的人可以为自己创造一种魅力，这种魅力就是你建立人脉的资产。

在一次奥斯卡的颁奖礼上，一位刚刚获奖的女演员准备上台领奖，也许是因为太兴奋了，被自己的晚礼服长裙绊了脚，摔倒在舞台边上。当时全场静默，因为还从来没有人在这样全球直播的盛大晚会上跌倒过。女演员迅速起身，真挚而感慨地说："为了走到这个位置，实现我的梦想，我这一路走得艰辛、坎坷，付出了很多代价，包括有时跌跌撞撞。"这时全场爆发出热烈的掌声。

幽默是一种智慧，而智慧原本就是充满魅力的。幽默也是一种气质，它展现着健康心理的风姿，展示着亲和力的魅力。幽默是一种聪明智慧的体现，是一个永远都用不完的智慧锦囊。生活离不开幽默，幽默是为了更好地生活。有幽默的地方总是充满着无穷魅力，它似春暖花开，使人们的心情豁然开朗，使人们从悲欢离合的气氛中一笑而过。幽默能让敌对两方消除彼此之间的隔膜，建立起友好默契的情感。它虽不似人们的衣食住行般重要，但在特殊的场合和环境中，幽默就是生活的调剂品。它可以让人在本来不属于自己的气氛中，很快地融合进去，使自己保持轻松愉快的心情，让平凡的生活充满欢笑和幸福。幽默具有极大的包容性和亲和力，不仅可以使人轻松摆脱尴尬，更可以树立自己的形象，增加自己的人格魅力和人脉。

幽默也是激励的艺术

幽默是一种人生的态度，也是一种人际交往技巧，幽默能产生一股力量，以对抗周围不如意的境况。幽默能使人放松心情，减轻压力。除此之外，凡是具有幽默感的人，通常在生活满意度、生产效率、创造力以及人脉等方面都胜过那些没有幽默感的人。

美国的一些企业曾经做过实验，证明幽默确实能够改善生产力，提升士气，并有助于团队合作。某些企业甚至让员工接受幽默训练，想尽办法增加员工的幽默感。在科罗拉多州的迪吉多公司,参加过幽默训练的20位中级主管,在九个月内将生产量增加了35%,病假次数减少了一半。

幽默作为一种激励艺术,在日常交往中有着重要的作用。在富有幽默感的领导、主管周围,很容易聚集一批为他效力的员工。据美国针对1160名管理者的调查显示:77%的人在员工会议上以讲笑话来打破僵局,52%的人认为幽默有助于开展业务,50%的人认为企业应该考虑聘请一名"幽默顾问"来帮助员工放松,39%的人提倡在员工中"开怀大笑"。一些著名的跨国公司,上至总裁下到一般部门经理,已经开始将幽默融入日常的管理活动当中,并把它作为一种崭新的管理手段。

有经验的主管都知道,要想使下属和自己齐心协力完成工作,就必须通过幽默使自己的形象人性化。

怎样才能使自己成为一个幽默的主管呢?有四个增强幽默感的途径:一是博览群书,拓宽自己的知识面。知识积累到了一定程度,与不同的人在各种场合接触就会胸有成竹、从容自如。二是培养高尚的情趣和乐观的信念。一个心胸狭窄、思想消极的人是不会有幽默感的,幽默属于那些心胸宽广、对生活满怀热情的人。三是提高观察力和想象力,要善于运用联想和比喻。作为一名企业主管,要有意识地训练自己对事物的反应能力。四是多参加社会交往,多接触不同性格的人。增强社会交往能力,也可以使自己的幽默感增强。

另外注意,幽默作为管理者的一种美好、健康的品质,恰如其分地运用到工作中会激励员工,使其在欢快的氛围中度过与你相处的每一天。当然,幽默属于一种创造性的本领,要随机应变,同时也要注意不要随意幽默。幽默并不是随时随地都可以运用的,应在某些特定的场合和条件下发挥幽默。例如,在一个正式的会议上,当你的下属正在发言时，你突然冒出一两句逗人的话，也许大家被你的幽默逗笑了，但发言的那位下属心里肯定认为你不尊重他，对他的发言不感兴趣。二是幽默要高雅才好。三是不幽默时没必要硬要幽默。如果当时的条件并不具备，你却要尽力表现出幽默，其结果必定是勉为其难，这会令彼此陷入更尴尬的境地。

幽默是一种感召力

幽默是一种感召力，在幽默的背后是人的积极、乐观、自信。幽默也是处于最自然的最佳状态的自我表现，只有心态稳定的人才能更好地展现幽默。当幽默个性形成，幽默感自然而来。

幽默可以使人放松心情，以愉快开朗之心去应付复杂的人生。但讲述幽默笑话时，也必须注意时机、场合和听众，因为不是所有幽默笑话都适合在各种场合讲给所有人听的。因为幽默与刻薄，常常因听者的心情与立场不同，而有不同反应。幽默可以使人欢笑，但若使用不当，也会使人不悦。因此，一个"幽默高手"在讲述笑话时，应顾及听者的心情与尊严，避免过度的讥笑与嘲谑；否则自以为幽默的笑话，一不小心，擦枪走火，反而会冒犯他人，得不偿失。所以，西方哲人说："幽默是用来逗人发笑，而不是用来刺伤人心的！"

你可以借幽默有趣的性格得到人们的尊敬，因为我们知道，快乐是一种导体，最能够感染别人，打动别人。

在美国历任总统之中，林肯以其机智、幽默和睿智而闻名于世。有一次，一位从俄亥俄州来的乡绅，名叫白兰德，在谒见林肯总统之时，曾陷于难堪的窘境。当他与林肯谈话的时候，有一队士兵来到总统府门外，列队站立，等待林肯总统训话。

林肯请白兰德一道出来，两人边走边谈，来到回廊之时，军士们齐声欢呼起来，一位副官来到白兰德面前，请他退下数步。此时林肯机智幽默地对来客说："白兰德先生，您得知道，他们有时也许分辨不出谁是总统呢！"

在那令白兰德难堪的一瞬间，林肯用他善意的幽默，挺身而出解救了来客。他只拿自己开了一个小玩笑，便化解了窘迫的局面，使他的客人，代表一个州民众和乡绅的白兰德，内心感到非常温暖，对林肯的敬意也油然而生。

谁都知道幽默的价值在于使人怡然自若并博得他人的好感。像林肯一样，许多领袖人物，都以善于引人愉悦笑乐而著称于世，幽默已成为他们公认的驭人的方法之一。

无论一个人的身份高低、职务大小，正确地使用幽默，必能助他应付世人。然而，我们开玩笑时，不能以一己之乐而损伤他人，要为所笑之人设身处地地想一下。要记住，当你兴高采烈地大笑着的时候，你挥舞的却是一把锋利的剑。拿别人开玩笑，等于手舞利剑向人挑战。因此切切小心，不可为一时之快而伤害与朋友、同事之间的友谊和感情。当然如果你嘲笑的对象是恶意的寻衅者，那则不在此例。

幽默必须言之有物，光耍嘴皮子，那叫做刻薄。刻薄的人总是拿着剑去刺伤别人，却不检讨自己，这种人十分惹人厌恶。幽默的人给别人的感觉是温暖、仁慈、敦厚，说出来的话能让人笑、让人反省、回味无穷。

当今社会中，为人处世的基本点就是要具备人格魅力。人格魅力是指一个人在性格、气质、能力、道德品质等方面具有的很能吸引人的力量。有人格魅力的人一般都充满着幽默感，同样，幽默感也能活化并提升一个人的人格魅力。幽默是一种交际的能力，不是哗众取宠，也不是庸俗可笑，而是一种让人敬佩和信服的智慧潜能。幽默和笑话有联系但不等同。幽默往往能用几句可笑有趣的话，说明一个哲理或道理，并使人产生联想回味。幽默又往往和辛辣的讽刺结伴而行，使有过错的人产生一种羞愧和无地自容的感觉，使有罪之人"像被缚起的兔子一样"。幽默是机敏、智慧和学识的产物，更是一种能力，是无法伪装的，硬装会使人感到庸俗和肉麻。富有幽默感的人，在工作和生活中就会受到人们尊重，他的人格也是充满魅力的。

总之，幽默是优良健康的品质，是人类智慧的闪现，是精神生活的补品，是人际交往的作料，也是团结凝聚力的磁场，更是增加人脉的利器。如果你想成为一个受欢迎之人，如果你想增添自己的魅力，如果你想让自己变得轻松快乐，那就学一点幽默术，做一个幽默的人吧！

第三章

什么样的人生取决于你结交什么样的人

结交什么样的人对构建有价值的人脉资源库,具有十分重要的意义。要记住,和有能量的人在一起,你会变得更有能量。如何与有能量的人交朋友,这不仅需要更为严格的标准,更是一门艺术。

某电视台曾经播出过这样一档财经类节目,名叫《和谁一起午餐》。该节目的宗旨是为创业人才进行把脉,由专家们进行评价,给予优胜者午餐机会,以便和专家深入交谈。节目中有一个很吸引人的口号:"发现你,成就你"。人际交往中,和谁吃午饭确实很重要。凯斯·弗拉基曾经写过一本名为《绝不单独进餐》的书,专门讨论了与人进餐的艺术。再宽泛一些,其实就是在谈和谁交际的问题。

西方有一句谚语说:"你认识的人决定你的未来。"意思就是说,你是谁并不重要,重要的是你和谁在一起。现在你见到的人是谁,你认识的人是谁,他们都将决定你的未来。美国佐治亚州立大学的史坦利教授在创作《行销致富》一书的过程中,曾对2000位百万富翁作了一项有趣的调查。通过专访,他得出这样一个结论:这些百万富翁都有一个共同特点,那就是他们的人际关系网十分广泛,而且他们所结交的人都具备不寻常的能力。最值得我们学习的是,他们并不只是搜集名片,而且能够在所认识的人中，辨别出哪些人具有特别的"价值"。最重要的是他们能辨认哪些人能够并且愿意帮助他们；他们知道该与哪些人交往，可收相互提携之效——譬如彼此交换信息，甚至合伙做生意等。

"人"字的结构就是相互支撑！你和家人一起生活是否和谐亲密，这关系到你的生活是否安宁幸福；你和同事一道工作是否同心协力，这关系到你的事业是否能顺利发展；你和朋友的交往是否感情相融，这关系到你在社会中是否能左右逢源……总之，我们每个人都不可能孤单地生活和工作。在不确定与危险的时刻，你必须战胜想要退缩的欲念，反其道而行，让自己更容易与人交接，维护旧战友，结交新盟友，逼迫自己进入更多形形色色的圈子里。这是自古以来智者取得强势人脉的独门秘诀。

不要掉进谋求自保的心灵深渊，相反地应换一种态度看待这个世界：你必须具备渗透力，能够悠然自得地进出不同的圈子，和不同类型的人打成一片。孔子说："无友不如己者。"他所提倡的结交朋友的原则是：不要和不如自己的人交朋友。交朋友，一定要结交比自己优秀的人，哪怕只是某一方面的优秀。交什么样的朋友对我们来说，至关重要。有人说，你的水平，就是与你最亲近的五个朋友的平均水平。结交良友，聚拢人脉，在一定意义上就是在经营自己，走向完美的人生。

结交什么样的人对构建有价值的人脉资源库，具有十分重要的意义。要记住，和有能量的人在一起，你会变得更有能量。如何与有能量的人交朋友，这不仅需要更为严格的标准，更是一门艺术。

1. 关键人物

你想要追求成功又想仰赖捷径，最好的办法莫过于为自己建立起人脉资源库。这些人可以是你的亲戚、老乡、同学、战友、同事，都可能成为你事业发展中的"贵人"。他们是你的靠山，用心经营这些人，依靠这些人，必将给你带来无尽的机遇和财富。

找一个靠山

现今社会，人与人之间的各种联系也越来越频繁，越紧密，越多样化。这就使任何一个人，任何一个家庭，离开了他人根本没有办法生存下去。西方有句谚语："人只有在人中间才成为人。"它深刻地揭示了人的社会性。人离不开社会，你想逃避也逃避不了。封闭自己，就像鸵鸟把头埋进沙堆里以逃避风暴一样，纯属掩耳盗铃、自欺欺人。

不过，在当今这个社会只具有高尚的人格和过硬的谋生本领，并不能保证你在事业上顺遂通达，你还必须具有实力雄厚的人脉资源，为自己创造一个和谐的人际氛围。一个善于处理人际关系的人，面对错综复杂的社会关系，几句话或一个眼神、一个轻松愉快的笑谈，就能化干戈为玉帛，变矛盾对立为和谐统一，那轻松自如、游刃有余，宛如一个优秀的小提琴演奏家，面对密密麻麻的乐谱，凭着自己对音乐的理解和感受，以娴熟的演奏技巧，完美地传达出音乐的魅力。这种人不仅可成就一番事业，而且自己在社会上也如鱼得水，如沐春风。反之，有人（甚至是极有才干的人）一遇见稍微棘手的人际关系，就心慌意乱不知所措，处理起来捉襟见肘，漏洞百出。这种人怎能临危受命独当一面？倘若就此自暴自弃，回避矛盾，远离人群，那就只能永远尴尬下去了。

每一个人在创业之初，往往都要历尽艰辛。为了成功，首先就要想方设法来提升自己的人脉，要不懈地寻找各种支持与扶助，寻找那些对自己的经济命脉起着极其重要作用的关键人物和能决定成败的实权人物，以使自己的事业得到庇护，给自己创造机遇。但是，要得到这些掌权人物的同情和支持，并非易事。

成功学大师卡耐基曾说："当一个人认识到借助别人的力量比独自劳作更有效益时，标志着他的一次质的飞跃。"这是千古不易的至理名言。有谁能够从不依靠别人而成功？即使当今世界顶尖级的富豪，任何声名显赫的财主也不敢拍着胸脯大声吼："我只靠自己的钱，干自己的事，就赚了许多的钱！"因此，对于每一位创业者来说，要实现自己的宏伟计划，关键不在于自己有没有本钱，而取决于你会不会倚重外界事物，倚重他人。即使你眼下没有本钱，但是如果你善于倚重他人，你与财富的距离就不远了。

古人云："登高而招，臂非加长也，而见者远；顺风而呼，声非加疾也，而闻者彰。"这句话形象地说明了借助外界力量的重要。胡雪岩对这一点看得特别清楚，因而十分注意在寻找靠山上下工夫。他层层结交官场势力，"栽"出一棵茂盛的权势大树，也为自己开发出了巨大的财源。

做大你的靠山

吕不韦是一个"家累千金"的大商人。在秦昭王四十二年，他做买卖到了邯郸，遇到了被秦王送到赵国当人质的秦公子异人。吕不韦凭着职业敏感和政治眼光，立刻看出"此奇货可居"，决心利用异人做一笔一本万利的政治投机生意。吕不韦经过一系列的策划，当上了秦国的相国，集军政大权于一身。可见"奇货可居"是吕不韦把经商之道巧妙地用于政治，对他来说，运用这一谋略，确实取得了一本万利的效益。

吕不韦的投资之举，和当时的历史背景有关，现代人不可能机械仿效。但他成功的例子，说明了投资即是投人，投人更要具备长远的眼光。特别是在当今市场经济越来越规范化，法律法规也随之健全的背景下，要想提高人脉竞争力，不深谋远虑肯定会在激烈的竞争中失败。无论何时，要相信"有备"才能"无患"。努力经营自己的靠山，是一项可获益匪浅的投资。

培植一棵与你经济命脉息息相关的茂盛大树。倚重一些大人物，营造强力的关联，会让人们聚集起来并牵动他们的情绪，如此不但会为你减少风险，而且还会为你带来意想不到的利润。有许多成功人士都具备发现将来可能发迹的人的眼光，在这些人身上进行政治投资，为自己的将来谋取利益。

1871 年，美国大资本家古尔德收购了除国库外的美国市场上所有的黄金，基本上控制了当时的黄金价格，但当时国库还有不少黄金，如果政府抛售了黄金，金价势必会下降。因此，古尔德处心积虑，设法控制国库。

古尔德了解到格兰特总统有一个妹妹嫁给了柯尔平上校，就拉柯尔平入伙。柯尔平十分坦率地表示没有资本，古尔德忙说："不要紧，你用不着拿一分钱，只要表示一个愿望就行了。我很敬佩上校的为人与才能，十分想与你交朋友，这点小意思就算鄙人的一点诚意吧。"柯尔平看到有利可图，何乐而不为呢？于是两人签约：柯尔平在古尔德那里认购 200 万美元的黄金股，只要黄金价格上涨，每周可以领到这些黄金股的涨价费，若黄金下跌，按惯例，也相应要作出赔偿。

为了防止金价下跌，柯尔平用不着古尔德示意，就自己主动地利用妻子，劝总统不要抛售政府手中的黄金。通过这种方式，柯尔平着实也赚了不少钱。

市面上黄金渐少，价格自然飞速上升，引起全美国一片愤怒之声。格兰特总统迫于舆论，决定抛售国库黄金。柯尔平等劝说无效，马上把这一紧急情况告诉了古尔德，同时又使总统暂缓一天宣布。就在这一天内，古尔德抛售了他所有的黄金，净赚了2000万美元。

一天之内净赚2000万美元，这是古尔德一生中最大的杰作，他使用的方法就是结交关键人物以借势取利。

古今中外的富商巨贾都是极为重视结交与自己利益攸关的关键人物的。有了铁打不倒的后台的支撑，自然可以借势取利。所以要想成功，用心经营自己的靠山是一条非常重要的黄金法则。"好风凭借力，送我上青天"，结交与自己的利益息息相关的人物，找到支持自己的靠山，必然无往不胜。

没有本钱而谋求成功的人，应当是卓尔不群的。他们能够清醒地认识到，只有倚重他人，依靠或者引导别人为自己出力出钱，自己才能赚到大钱。人类是群居动物，必须仰赖社会互动与四处周旋才能生存下来。你必须将自己置于核心地位，必须将自己融入到社会当中。大多数人感觉与人交往会产生不必要的危险，在这种时刻，他们倾向于隐退，摆出防御的阵势，在深寨高垒中寻找安全感。然而，这么一来，提供给他们的信息将会越来越少，他们的圈子也将越来越小，以致无法洞察四周的动静。这样不但丧失了机动性，更容易成为遭受攻击的目标，而且孤立会使他们产生偏执与妄想。如同在战争以及绝大部分策略游戏中的惯例一样，孤立往往是挫败与死亡的前兆。

结交关键和重要的人物，让其成为你的靠山，并不断努力经营、做大他们，使他们的利益与你的利益牢牢地捆绑在一起，必将给你带来无尽的机遇和财富。

2. 远离小人

平等的合作关系经常是由真正的成功者和真正的失败者组成的，因为失败者往往很狡猾，会按动你的"热心肠按钮"。在任何情况下，如果你能了解可能具有的弱点，你就不会受到任何小人的掠夺。

清理你的人脉资源库

有些人的注意力总集中于拐弯抹角地为自己谋福利，他们表面上是费尽苦心地为你着想，而实际上他们是在处心积虑地获取可能得到的利益。炭在热时烫你的手，在冷时也能弄黑你的手。那些用花言巧语迷惑你的人，他们虽精明却缺少远见，能够惹是生非，却控制不了局面，从而使你陷入人财尽失的困境之中。

只有不断地认识那些能够改变或帮助你的人，才能构建有用的人脉资源库。著名管理学大师德鲁克曾作过这样一个的比喻："清理你的人脉就像清理你的衣柜一样，将不合适的衣服清出衣柜，才能将更多的新衣服放入衣柜。"

因此，如果想成功、想致富，我们就要十分重视所结交的人。要使这些人为我们的人生、为我们的事业服务，而不是拖累我们，扯后腿，使我们委靡不振，甚至自暴自弃。要想让这些人帮助我们成功，办法就是：远离小人！

Facebook是一个发源于哈佛大学，为全美大学生服务的社交网站。按照流量，这个网站在世界范围内排在第八名；按照价值，业界对Facebook公司的估值超过10亿美元。Facebook创建于2004年2月，这样的高速增长成为当今互联网发展的一个奇迹。

2011年，Facebook创建人马克·扎克伯格出人意料地被《时代周刊》评为"年度人物"。之所以当选《时代周刊》的"年度人物"，自然是因为他有改变我们时代的创意。但是，《纽约时报》的报道则揭示出，这一创意很可能是从别人那里偷来的。

马克·扎克伯格在创建Facebook之前，受到温克沃斯兄弟——一对孪生兄弟学长的委托去建立一个类似现在我们看到的Facebook的哈佛联谊站。根据温克沃斯兄弟的叙述，他们和纳伦德拉在2002年想出了社交网站"哈佛关系"（Harvard Connection）的主意，一直积极地投入建设。他们曾先后请了几个同学编写软件，但这些人都先后离开哈佛，最终经人介绍，雇用正在读大二的马克·扎克伯格。他们和扎克伯格进行了特别聚会，向他解释了此事的重大意义和高度保密的性质，以及抢先弄出来的必要性。但是，扎克伯格迟迟不交工，被催问起来支支吾吾。但是，到了2004年2月，马克·扎克伯格自己突然创出了Facebook。这对兄弟也立即提出诉讼。如今他们对创业全过程中的每一个细节都能交代得滴水不漏，甚至连扎克伯格当时的宿舍也描述得细致入微。更重要的是，扎克伯格给朋友发的许多电子邮件泄露出来，成为温克沃斯兄弟叙述的文献证据。扎克伯格事后承认后悔发那些电子邮件。不过，他则一直回避媒体。Facebook公关人员除了坚持自己没有做错任何事外，也守口如瓶，不发表任何评论。

这对孪生兄弟和纳伦德拉在2004年前就起诉扎克伯格偷窃他们的创意。四年后双方达成交易，三人拿到了2000万美元的现金和4500万美元的Facebook股份。后来随着Facebook股值的飙升，这一交易的价值可能超过1.4亿美元。

这三位如今反悔，当然主要是钱的问题。当时谈判的时候，Facebook 按照每股 35.9 美元的价值，给了三人总额 4500 万的股份。这是微软五个月前投资 Facebook 的股值水平。但是，在成交的几天前，Facebook 刚刚签署了专家的估价，其每股价值仅 8.88 美元。以这个价值来计算 4500 万的股份，则三人的控股数目要大得多。真若如此，根据现在的市场价值，三人当时拿到的补偿价值可能达到 5 亿美元的水平。

这场官司的前景如何，现在还很难预料。这里的是非曲直，我们很难说得清楚，也不多作评论。但是，这一切足以激发我们反省一个更加实际的问题：很多时候我们需要先小人后君子。因为有些人不管在什么时候都会来偷取我们的创意，占我们的便宜。

当然，生活中并不是每一种能对你造成严重危害的恶人都会公然出来害你。特别是，如果表面上看来你是个成功者，就总会有一些人赞赏你，甚至崇拜你，因此他们就想"与你分一杯羹"。更为罕见的情况是，这些小人作为狂热的追随者借机接近一些知名人士，实际是想刺探他们的生活，最终毁掉他们。

一个人怎样才能清醒地识别身边的人，做到"亲贤臣、远小人"呢？首先需要注意察看他们的言论，一个奸佞之士说话的出发点总是在"捧"人，因为他的目的就是巴结逢迎讨好；一个忠直之士说话的动机总会为你着想。前者让你感到舒服，然后甜甜蜜蜜地走进他的陷阱；后者让你感到不快，但确实是来帮你纠偏改错的。正如一个君主旁边，一般都有这样两种人，你也如此，选择哪种人就看你自己的决断了。

从历史的教训看，大约有这样一个"规律"：当面说"好话"的未必就是好人，与之相反，背后说好话的倒可能是好人；当面说"坏话"的未必是坏人，与之相反，背后说坏话的倒可能是坏人。按照这个"规律"来观察你所交的每个人，有一些不易察觉的小人嘴脸就会暴露在光天化日之下了。

所以要想不陷入小人所设下的骗局，必须时刻防范身边那些对你的所作所为百般推崇，从不提出批评性意见的人，这些人往往包藏祸心，会为了一己之利而陷你于人财两失的境地。

小人的"烟雾信号"

既然小人如此阴险，那么我们应如何识别小人，避免遭人暗算、被拖下水呢？

当世上的好人在耐心地遵循伦理道德规范、慷慨给予、走光明正大的成功致富之路时，更多的小人却在寻求更快的致富门路，他们宁愿以牺牲道德、真理和名誉为代价来换取收益。在生意场上，我们常常感觉周围到处都有一些人和公司在歪曲事实，捏造论断，空许诺言。

这些小人认为他们的行为没什么大不了的，而且"大家都在这么做"。那么，识别并对付这些小人的最好方法是什么呢？

唯一最重要的法则就是那句老话："愚我一次，为彼之耻！愚我两次，为我之耻！"这里将提供一些线索，你也许会觉得很适用于小人。无论是雇主、雇员、供应商、顾客或生意圈中其他任何人，暴露出以下特征或"烟雾信号"的都可能是小人。

1.不愿意将口头上所说的话以书面形式确定下来；

2.不守诺言，无论是多么无关紧要的小事也是如此，然后就否认曾许下过该诺言；

3.开始与你联系的人不见了，而代替他的另一个人却声称对第一个人的承诺或者告诉你的事一无所知；

4.强迫你立即作出决定，否则，所说的机会将失不再来；

5.请求你参与一项不道德的或违法的交易，该交易对第三者来说代价昂贵（开假发票、收回扣、掺杂水分的保险索赔等）；

6.在与一家公司进行的交易中，收款人应为该公司，但他要求你把支票开给某个人；

7.报价非常低，然而"太好的事往往都不是真的"；

8.采用的公司名称看起来或听起来与同行中另一家生意较好、名气更大的公司很相似；

9.想与你做生意，但对他以前的雇主或同业中现在的竞争对手大放厥词；

10.使用信箱号，使你不可能找到公司的地址；

11.许诺改正一项错误或缺点，却错过双方约定的最后期限；

12.只能通过某个特殊的电话号码才能找到他，这样双方通话则由你来付费。

尽管上面所列的每个"烟雾信号"可能要求不同的处理方法，但以下的这些法则对许多类似的情况都适用。

◎给对方展示你们口头商谈中你记下的笔记。

◎立即将商谈中的细节和结论以书面形式确定下来。

◎不要害怕问问题，提出你的质疑。

◎有必要时，寄一封证明信给对方，总结一下所达成的协议，并规定对方做出行动或你期望得到答复的最后期限。

◎在没有满意之前，不要与该人或该公司进行新的生意往来。

◎除非你的怀疑得到澄清，你要求掌握进一步信息的要求得到满足，否则永远不要过早付钱、告知对方你的信用卡号码或口头确认任何交易。

◎作为雇员，不要被诱使做一些不正当行为（即使是在雇主的压力之下），然后解释说"人人都这么做"。好人从不这么做。

◎如果中间人的举止令人怀疑或不满，尽快找到真正的主管人。

◎骗过你一次的人，永远不要相信他第二次！寻找符合你自己标准的人进行交易。

有些小人显然不是失败者，他们不断地要求施舍，利用你乐善好施的本性。对付他们很简单，就是给钱，但不要给他们工作。悲天悯人并不是你的职责。尽管许多好人有点好为人师，乐于帮助他人，总想改造别人，但作为老板，你也许帮不了什么忙。

遵循这条法则：如果有人显然是位失败者，他想在你的公司里谋一个职位，而这会影响到你的生意，那就直截了当地对他说"不"。如果他需要的是经济上的帮助，这就取决于你了。很可能你这样做是在鼓励一个终生的附属品，并且最终你得到的却是罪恶感。

另一种小人甚至披着更为强硬的伪装。这类人，当他的能力、资本和社会关系远不如你时，他会让你做他的合伙人，合资办厂或以其他形式合作。你接受了他的建议，这通常是因为这个小人按动了你的"热心肠按钮"。现在你是否工作过度，却顾不上你自己的或相关的生意，你甚至都想再克隆出一个自己，或者你发现你对经营管理已心生厌倦？你说了那么多，做了那么多，最后又有多少成果是属于你自己的呢？如果你对自己——你的需要和缺点——足够了解的话，你就会明白，满足一个小小的需要，并不能让一个人变得伟大。

平等的合作关系经常是由真正的成功者和真正的失败者组成的，因为失败者往往很狡猾，会按动你的"热心肠按钮"。在任何情况下，如果你能了解自己可能有的弱点，你就不会受到任何小人的掠夺。

3. 建立团队

与什么样的人交往对你有利？政界官员、银行要员、有关专家和教授、底层推销员、材料供应商、律师、竞争对手的职员以及重要大客户等等。这些人并不一定非要是你的员工，但他们却是你另一个团队的重要成员。

成功来自优秀的团队

有这样一个未经证实的统计数据：五年之内，90%的创业者会倒闭；十年之内，剩下的10%的创业者中的90%也将会退出市场，也就是说，10年之后，只有不到1%的创业者会幸存下来。

创业者为什么寿命会如此短？成功者为什么会如此之少？创业者之所以多遭破产厄运，最主要的原因在于他们缺少一支优秀的创业团队。可以说，没有一个优秀团队的创业者从创业一开始，就已经奠定了失败的命运。

搭建一支优秀的创业团队对任何一位创业者而言，都是一项至关重要的工作。尤其是在生意场上，绝不可让自己处于孤立状态，要学会组建自己坚不可摧的团体。美国第一家风险投资公司美国研究发展公司（American Research Development）的创建者乔治·杜洛特曾说："我更倾向于一流的创业团队有一个二流的想法，而不是一个二流的创业团队有一个一流的想法。"由此可见，一个优秀的团队对一个企业的成败具有决定性的影响。

1978年10月15日，福特公司的主管亨利·福特二世突然宣布：解除李·艾科卡福特汽车公司总经理的职务。消息传出，世人震惊。人们议论纷纷，了解内幕的人士断言：福特公司将为这个愚蠢的决定付出高昂的代价！

在福特公司，艾科卡最初任实习工程师，随后当汽车推销员。他用出色的成绩证明了自己的推销才能，博得了公司领导和职员的赞赏。1970年12月10日，艾科卡荣登福特公司总经理的宝座，成为福特公司仅次于亨利·福特的第二号人物。

升任总裁后，艾科卡大胆革新、压缩开支、开发新产品、扩大销售量，使福特公司的销售额和利润获得空前增长。1977年，他一年就为公司赚得利润17亿美元，1978年又增加到18亿美元，在汽车业创造了奇迹。

然而，艾科卡的成功，却招来年老多病的亨利·福特的妒忌和猜疑。他担心自己死后福特家族公司会大权旁落，便无情地、不考虑后果地解雇了艾科卡。时间是1978年10月15日，那一年艾科卡54岁。

艾科卡在福特公司整整干了32年，其中担任总裁八年，对公司感情至深。他一直忍受福特二世的种种刁难，不愿主动辞职但没想到最终还是被解雇了。面对这个突如其来的打击，艾科卡惊呆了。他感到愤怒，又异常苦闷。他的家人、朋友和公司的许多同僚也愤愤不平。全国报纸、电台、电视台都迅速报道了这条重要新闻。美国著名新闻评论家华尔达·克隆凯在报道中评论说："这简直是在读关于汽车行业的一部惊奇小说。"

艾科卡给福特二世留下的最后一句话是："记住我的话，亨利，你永远不会再一年赚18亿了，因为你压根儿就不懂我们是怎样把钱挣来的。"艾科卡走后，1978年福特公司的产品占美国汽车市场的23.6%，而到了 1981 年，竟跌到 16.6%。

解雇艾科卡，虽然是由福特二世的愚昧专横造成的，但对福特公司来说则无疑是一个重大失误，并为此付出了很大的代价：造就了一个强大的竞争对手——克莱斯勒汽车公司。当时的克莱斯勒公司正处于困境中，一年内亏损数亿美元，两万余名工人被解雇，濒临破产的边缘。

艾科卡被解雇后，他决心找一个能充分展示才华的舞台，向福特二世"复仇"，同福特公司展开竞争。于是，当克莱斯勒公司董事长里卡多来聘请他时，艾科卡决定再大干一场。1978 年 11 月 2 日，艾科卡应聘为克莱斯勒公司总经理。艾科卡出任克莱斯勒公司总裁后，第一个惊人之举就是招募"福特人"。艾科卡被解雇时，带走了在福特公司时用过的记事本，上面记录着几百名福特公司经理人员的名字以及他们的专业和特长，他首先将 44 岁的委内瑞拉福特子公司经理杰拉尔德·格林沃尔德聘为主管克莱斯勒公司财务工作的副总裁。同时杰拉尔德还带来了财务部经理史蒂夫·米勒，他成为克莱斯勒公司的总会计师。又聘请了福特已退休的三位经理：加尔·克劳斯，福特公司销售经理；保尔·伯格莫泽，长期主持福特采购部工作；汉斯·马塞厄斯，福特公司负责生产的副总经理。在福特公司时，他们都为公司的发展立下过汗马功劳，被人们誉为所在部门的奇才。因不满福特二世的独裁和霸道，一大批有经验和一技之长的福特公司职员也纷纷拥入了克莱斯勒。由于这股出乎意料的"人才流动热"，福特公司元气大伤。

解雇艾科卡的代价是高昂的。人们猜测，假如福特二世早一点得知艾科卡任职克莱斯勒公司总经理的消息，他或许能够听从劝告，收回解雇艾科卡的决定，但他并没有这样做。在市场经济的主宰下，商品竞争实际上就是人才竞争，谁手里的人才多，谁就会在激烈的竞争中占据主动，赢得胜利。对于企业来说，会不会用人，能不能礼贤下士，能否如饥似渴地招纳人才，是关系到企业成败兴衰的大事。可以说，能够择人任人是领导艺术中极为重要的方面。

美国著名实业家、"钢铁之父"安德鲁·卡内基的墓碑上刻着一首短诗：这里安葬着一个人，他最擅长的能力是，把那些强过自己的人，组织到他服务的管理机构之中。广告大师奥格威也曾说过一句著名的话："用人的最大失误就是没有任用比自己高明的人。"为了诠释这一观点，奥格威在其公司每个董事的桌子上放了一个洋娃娃，并请诸位董事打开看。大家依次打开洋娃娃后，发现里边还有一个洋娃娃，再打开里面又有一个更小的洋娃娃，当打开到最小的洋娃娃时，上面有一张奥格威写的字条："如果你永远聘用不如你的人，我们就会成为侏儒公司。反之，如果你永远聘用比你高明的人，我们就会成为顶天立地的巨人公司。"

优秀的团队是企业的重要资源，经营者如果随意浪费或者抛弃这种资源，必将后患无穷，得不偿失。

学会投人

在 PE 界有一句十分流行的话，投资只有三个标准：第一是人，第二是人，第三还是人。投资就是投人，投团队。但什么样的团队更受到 PE 的青睐，却是见仁见智，从来没有统一的标准。如何能更好地判断团队，看人，识人，也没有公式和硬性的标准。但总结过往的投资案例，成功的创业团队往往存在很多共性，如要具备勤奋好学、艰苦奋斗、创业精神等素质。

孙子曰："上兵伐谋，其次伐交。"孙子讲的伐交是指敌对国家和集团之间的外交战，通过伐交可以产生三种作用：加强自己的联盟；拆散敌人的联盟，把敌人的朋友拉出来使其成为自己的朋友或中立者；在敌人内部挑起争端和火并。伐交，削弱了敌人，壮大了自己，使敌人不易胜我，而我可以巧妙胜敌。

"伐交"之谋略用于经济活动，不能照搬，应把带有"挑拨离间"、"损人利己"性质的内容抛弃，而把广交朋友，化敌为友、建立广泛的社会关系等积极内容保留下来。因此，"伐交"运用到经济领域，应该称之为"结交"。

"结交"包含了广交朋友、少树敌之意。朋友多，得到的帮助多，获取的信息多，因而企业运行的路子也就多。经济领域结交朋友所依靠的主要是经济杠杆。经济杠杆的作用主要表现在"让利"、"分利"和"不争危害别人之利"上。让利可以换取人心；分利可以获得合作伙伴；不争害人之利可以确立你的良好形象，增强社会信誉。

商业经营所追求的目标是特定的利益。当某种利益独家追求难以获得时，分一半给别人，共同去追求，通过"合力"就能获得，"分利"就能获利，想吃独食却什么也得不到。在这种情况下，分利予人显然是聪明的。对于一个商品经营者，切忌唯利是图、独往独来，更忌清高孤傲和为人势利。没有朋友就没有帮手，唯利是图则会树敌过多，为人势利就会遭人厌恶。柳传志在联想初创期，为了留住技术骨干、核心人员，将最好的住房、最好的车子让给他们，以其不争，得成其业。任正非在华为内部实行期权制，将股权分散到团队中，自己持有的股权最后只有4%。

在这一点上西门子公司的董事长卡尔·海因茨·卡斯克是有眼光的。他广交朋友，在这些朋友中有一位物理学家，这位物理学家为西门子公司的发展注入了巨大的技术活力。卡尔交友的方法是把意图告诉朋友，然后供给他们完成任务所需的钱和物。这位有眼光的董事长在短短的时间内借助朋友的力量使西门子公司在电子领域取得了领先的地位，一举改变了公司技术落后的状况。

为拓展个人人脉应结交的八类人

你今天结交的朋友，明天可能助你走向成功。世界上有许多富豪发家的历史，都可以说明巨大的财富通常是有好构想的人同多才多艺的人通力合作的结果。所以，纵然你没有本钱，但有绝妙的好构想，并知道如何真诚地与他人合作，那么，你就有可能成为巨额财富的拥有者。

一位日本企业家曾经深有体会地说："我之所以能有今天的成就，单靠自己的力量是远远不够的，而是得力于我广泛的人际关系。我的朋友三教九流都有，如文化界、教育界、学术界、商业界……真是应有尽有。"中国也有句俗话："一个篱笆三个桩，一个好汉三个帮。"可见，良好的人际关系是经营成功的重要保证之一，它是一项不可缺少的重要资产和财富。

那么，与什么样的人交往最有助于自己人脉资源的拓展呢？

1.政界官员。无论官职大小，因其所居要害部门，既可为你提供政府有关新情况，便于你制定长期或短期的经营策略，又可为你提供一定的保护，关键时刻还可为你去疏通渠道，打通关节。

2.银行要员。做生意就是与钱打交道，自然也就离不开银行。如果与银行要员关系甚佳，当你急需资金之时就会有求必应，为你大开方便之门。如果你得罪或怠慢了他们，你就会处处被动，关键时刻还会被"卡脖子"。

3.有关专家和教授。在当前强调"科技是第一生产力"的新形势下，新技术突飞猛进。作为经营者，如果对新技术、新产品一窍不通、一无所知，就会成为新"文盲"，就有可能在激烈的市场竞争中惨遭失败。如果注意多结交一些有关方面的专家教授，你可以免费从他们那里学到许多新知识，为你提供有关的技术咨询，成为你得力的高参和智囊。

4.推销员。他们是"万事通"，经常与他们保持密切联系，会使你了解到许多最新的重要情况和信息。他们的嘴巴也是最大的，如果得罪了他们，冷落了他们，他们能将你和你的公司一起搞垮。

5.大客户。一个大的客户就是你的一棵大摇钱树。今天没有生意往来，没准明天就会有一笔大买卖为你送上门来。与他们搞好关系，有益无害。

6.材料供应商。与他们搞好关系，你的企业就不会断炊，就不会因原材料短缺而停产、倒闭。

7.律师。在法治社会中，律师是你生活中重要的朋友。他们为你调停，为你解忧，使你化险为夷，化祸为福。他们能为你提供法律咨询，使你不会因违法而破财、因触犯法律而破产。

8.竞争对手的职员。密切与敌手的职员之间的关系，不仅可以获得对方重要的情报，还便于你了解和学习对方，使自己轻易取胜。

以上八类人，你最好寻找机会与他们相识、相知，使他们成为你的知己和挚友，成为你事业的左膀右臂。

创业者成功的重要因素之一，就是必须广交善缘。任何一个成功的人，毫无例外地都不是仅仅靠单个人的力量而取得的，而往往是得力于朋友的帮助，得益于良好的人际关系。时时左右逢源，处处如鱼得水，自然也就事事顺心如意，财源广进了。

记住，狼像狮子一样雄壮而勇猛异常，这种不太令人信服的动物在追击猎物时，表现出令人毛骨悚然的威猛和凶残，由它们组成的群体足以毁灭自然界里的所有生灵。在人生中也是一样，没有任何一个人能保证自己永远强大，所以你必须竭尽全力结交朋友，组成自己坚不可摧的团体，或成为某团体中的一员，然后在混乱的商战之中借助朋友的力量寻找无尽的成功机会。

4. 尽可能结交使你发出更大亮光的人

如果一个人使你黯然失色，他就不是你理想的友伴，去结交那些使你发出更大亮光的人。你应该尽量不要因为邪恶的同伴而损害自己，就如同应该尽量不要牺牲自己的声誉去增加别人的光彩。无论何时，你都应记住，跟成功的人交往可以孕育成功，跟失败的人交往往往只能继续失败下去。

远离人群中的"病原体"

俗话说："近朱者赤，近墨者黑"，"近贤者聪，近愚者聩"。一个人结交什么样的朋友，对自己的思想、品德、情操、学识都会有很大的影响。因此，结交朋友不能没有选择。

那么，什么样的人会令你发出更大的光亮呢？先看看拿破仑是如何交友的吧。

法国历史上著名的政治家、外交家塔列朗拥有许多怪异、威胁人的特性，但是大部分人都认为他是一位风度翩翩，时刻都散发着贵族魅力的绅士。事实上，塔列朗出身法国最古老的贵族家庭。拿破仑在许多方面正好和他相反——来自科西嘉的乡巴佬，不善言谈、粗鲁不雅，甚至暴戾。没有人比得上塔列朗更令拿破仑仰慕了！他羡慕塔列朗的大臣风范、机智以及迷倒女人的魅力，于是，他尽其可能将塔列朗留在自己的身边，希望浸透在他所拥有的高尚教养里。毫无疑问，拿破仑登基后一直在改变自己的气质，经常与塔列朗为伍以磨掉自己身上许多粗野的棱角。

正如前面所述，结交什么样的人对构建有价值的人脉资源库，具有十分重要的意义。要记住，和有能量的人在一起，你会变得更有能量；和一个贵族在一起，你也会变得如绅士一般……结交那些正直、诚实、见多识广的朋友，将得益不小。假如误交真小人，危害还不大；而误交伪君子，危害就严重了。这些人心性不一，有的性情乖张，有的心黑如漆，有的心曲如钩，有的心如荆棘，有的心如刀剑，有的毒如蛇蝎，有的狠如虎狼，你就是能把照众生善恶的明镜高悬，也难以照透他们的心。因为他们包藏祸心，深不可测，他们的外表个个道貌岸然，不像那些真小人一望即知。结交这类人的风险是，不仅浪费你的宝贵时间和精力，而且因为结交这类朋友，你会因招来别人异样的眼光而痛苦，所以绝对不要低估这些人所带给你的危险。

反对恺撒的罗马阴谋者卡修斯因为深埋的忌妒而永远不满，他就是无法忍受任何一位比他有才华的人出现。而恺撒感到这个男人无休无止的贪婪，于是拒绝将首席司法官的职位交付于他，而给了布鲁特斯。这使卡修斯不断钻牛角尖，他对恺撒的恨意变成了病态。另一方面，布鲁特斯本人也不喜欢恺撒的独裁，如果他有耐心等待的话，也许他就会成为继恺撒之后罗马第一人，可以清除前任领袖种下的弊端。但是布鲁特斯却受到了卡修斯的感染，无休止地听卡修斯在他面前诉说恺撒的罪行。终于，布鲁特斯也加入陷害恺撒的阴谋，这是一出伟大悲剧的开端。如果布鲁特斯会畏惧感染的威力，并远离卡修斯，就可以避免不幸事件的发生。

总有些像布鲁特斯一样不幸的人因为无法把握的境遇而沦落，因为自己破坏性的行动和对别人毁灭性的影响而自我毁灭。我们往往无法改变他们的性格模式，因为这些人的传染力是无法阻挡的，他们的模式往往会入侵并改变我们。道理很简单——人们非常容易感染上身边的人的心境、情绪，甚至思考方式。

无可救药的不快乐的人拥有特别强烈的感染力量，因为他们的个性和情绪如此激烈。他们往往充当那些受害者的角色，我们一开始很难看出他们的不幸是自找的。在你了解了他们的真正本质之前，你已经受到感染了。

要对付这些人的感染只有一种办法：隔离。但是等你察觉问题时，往往已经太迟了，像卡修斯之流则以他的推心置腹和深厚的情感引你入彀，你该如何保护自己对抗如此难以察觉的病毒？答案在于你要作好防范，学会在他们的眼里看出不满。最重要的是，不要心生怜悯，试图帮忙只会让自己陷入困境，病原体永远不会改变，你的生活却会大乱。

相反，有些人因为生活有劲，加上天生的乐观以及聪明才智，为自己招来快乐幸福，他们是欢乐的源泉，你必须与他们交往，分享他们带来的幸运与富足。

与成功者在一起孕育成功

你要学习结交能使你放更大光彩的人的技巧。举例来说，如果你生性鄙吝，则永远无法超越固定的局限，只有恢弘的灵魂才能达到伟大。

因此，结交气度恢弘的人，他们会感染你，打开你身上拘谨而局促的部分。如果你忧郁悲观，就靠近快乐爽朗的人；如果你倾向孤僻，要强迫自己结交随和的人。千万不要交往和你有相同缺点的人，他们只会更加阻碍你向前的特质。

"在你攀登成功顶峰的过程中，其中一个最重要的因素就是与一群肯去做的人为伍。"这是身为密歇根州安利公司创始人之一，理查·狄韦斯所提出的忠告。

安利是一家知名的消费品制造商，拥有一个超过100万名独立分销商的全球直销网络。它所销售的产品超过4300种，其中包括安利自己以及其他品牌的商品，完全通过上门推销和邮购的方式销售，年营业额达数十亿美元。安利的标语就是"我们送出的商品是最好的！"

这个由狄韦斯和他从小结识并成为终生事业伙伴的杰文·安岱儿共同开创的事业王国行销网遍布北美、亚洲和欧洲，全球的员工人数超过万人。而在安利诞生前，狄韦斯很小的时候就知道与积极、乐观、勇于尝试的人结交的重要性。

狄韦斯的父母是非常虔诚的教徒，因此他进入一所教会学校就读，在那里他感受到一种"上帝爱我，而我是一个有用之人"的氛围。学校里充满了信心和努力学习的气氛。狄韦斯回忆当年时说道："我的同学都有相同的学习态度，同时奉行工作伦理。不幸的是，由于我的成绩并不突出，因此我的父母便对是否还要继续支付如此高昂的学费产生怀疑。"所以，第二年他就转学到一所公立学校去，而那里的学习环境截然不同。因此过了一年，狄韦斯又转回到了教会学校。那是他有生以来，自己作下的第一个清楚自觉的决定，同时这对他的一生有着极大的影响。

但狄韦斯的父母提出了问题："学费要由谁来支付？"狄韦斯表示他会负责自己的学费，但他的父母还是代他付了。尽管如此，狄韦斯还是出去打工，他在加油站为人加油，也卖报纸，每天下课后都要工作好几个钟头。

狄韦斯声称："重要的是，回到教会学校是我对我人生方向所作的第一个承诺，而我愿意为它付出代价。我使得自己再度回到充满积极思想、相信自己同伴的环境中，这对我未来的人生有很大的影响。"

高中时，在教会学校里狄韦斯遇到了他后来的搭档杰文·安岱儿，他是一个与狄韦斯有着相同梦想、希望和目标的青年。他们计划一起创造自己的事业。

最初狄韦斯和杰文·安岱儿开设了一间小型的飞行学校，同时提供一些飞行服务。但他们两个没有一个懂得飞行，而他们的竞争对手却都是领有执照的飞行员。由于可以掌控的因素能决定正确的行动，遵行这个原则，他们很聪明地将飞行业务交由他人去做。

狄韦斯和他的伙伴后来退出了飞行学校的经营，开始另一项新挑战。20世纪50年代末期，他们在车库里开始了一项新事业，它后来即演变成现在的安利。这项事业是倒卖清洁液，而它也就是后来千百种家庭及个人产品的先驱。他们为安利所设计的行销策略，是建立一个复式的经销网，在这个网络下经销商会发现，他们无论是将商品卖给其他经销商，或者直接推销给安利的客户，都可以有相当丰厚的利润。而今天，理查·狄韦斯已经是亿万富翁了。

狄韦斯相信，如果你不是在一个勇于尝试的环境中成长，那你能做的最重要的一件事，就是接受你不具备"尝试"态度的事实，然后让自己置身在一个周围的人能够给予你鼓励的环境中。太多的人一生中都与输为伍，以致他们也认为自己是个输家。而想要到达你所选择领域的高峰，就要跟喜欢挑战、思想积极、自动自发以及努力工作的人交往。

然而，在你成功路途中的每一步，你都需要那些自动自发的同伴，那些具有追求成功动机的人、自信的人、善于自我管理和自我救助的人，那些愿意将所知传授给别人的人，包括教师、教练、主管、同事、家庭成员中的长者与智者、训练员和领袖。所有这些人能够帮助，也都乐于帮助一个积极向上的人。他们本身就是成功的人。

跟成功的人交往可以孕育成功。通往成功峰顶的道路会因为交友不当而曲折难行；同样，你的道路也可以因为结识一些好朋友，而变得相当平坦。

那些对你攀登顶峰之途造成危险的人，就像是蛮荒时期的抢匪一般，这些人不仅会阻碍你的进步，甚至还会把你往后拉。他们是谁？是那些光说不练的人。他们嘴里说得头头是道，但仅止于口头说说罢了。他们是"想要族"，但他们永远不可能成为他们想成为的人，因为他们从不行动。而他们一旦聚在一起，就开始分享彼此的马路消息，背后说人闲言碎语，而这些就是他们全部的话题。这些人是坐冷板凳的，绝不会是上场的球员，然而他们却因为教练（或主管、工头、老板）不让他们上场比赛而大发牢骚。教练为什么不用他们？是因为那些光说不练的人根本不可能得分，简单来说，他们就是输家。

而输家相当可悲的一点，就是他们乐于看见别人跟自己一样。他们忌妒你可能获得的成功；如果他们能够将你往下拉到他们的水平，他们最快活不过。但更糟糕的是，他们本身就代表了失败这两个字，而他们的失败不仅在工作上，连生活也一败涂地。

所以为了自身的发展，你必须远离这些输家，而去结交那些能使你发出更大亮光的人，这样不仅会使你获益良多，而且也会使你同样发出更大的亮光，吸引更多的人向你聚拢，使你于无形中提升自身的人脉。

学会选择朋友

选择朋友要选择品德高尚者。与品德高尚的人交朋友，最重要的是能在无形中使自己的品格更加完美、情操更加高尚。正如孔子所说，同品德高尚的人相处，就像进入养育芝兰的花室，时间长了，闻不到它的香气，这是习惯了芝兰的香气的缘故。

孟子三岁时父亲不幸去世，从此孟母独自带孟子度日。起初，孟子的家坐落在偏僻的郊外，附近是一片墓地。城乡的人们经常在那里进行祭奠活动，年幼好奇的孟子就与邻里小孩一起玩一些类似丧葬之类的儿戏而不思读书。孟母觉得这样下去不利于孟子成长，便携孟子迁家至市郊附近。这里靠近市区，邻里住着几家做屠宰生意的商人。时间久了，孟子经常模仿大人经营宰杀之类的动作，甚至在平时的言行举止方面都流露出宰商的习气。于是，孟母又决定迁往他地。最后，孟母带孟子迁居到一家学馆附近。在这里，孟子每天见到的全是一些读书知理的现象，接触的都是一些刻苦读书的小朋友，这对少年孟子影响很大。从此，孟子发奋努力，朝夕勤学，终于成为著名的大思想家。

这个故事揭示了关于交友之道的一个真谛：交友要有选择。事实上，每个人不管自觉或不自觉，他交朋友总是有所选择的，他的"择友"总是有自己的标准的。孔子曾提出"益者三友，损者三友。友直、友谅、友多闻，益矣。友便辟、友善柔、友便佞，损矣"。他主张同正直、诚实、有学问的人交朋友，而对那些善逢迎、两面派、华而不实的人则不能相交。明代学者苏浚把朋友分为"畏友、密友、昵友、贼友"

四类,并在《鸡鸣偶记》中作了解释:"道义相交,过失相规,畏友也;缓急可共,生死可托,密友也;甘言如饴,游戏征逐,昵友也;利则相攘,患则相倾,贼友也。"他从相互利害关系的角度,分析了各类朋友的作用,认为畏友、密友可以知心、交心,互相帮助并患难与共,是交朋友选择的对象;而那些互相吹捧、酒肉不分的昵友,口是心非,当面一套、背后一套,有利则来、无利则去,还要在背后捅刀子的贼友,那是无论如何也不能结交的。宋代岭南学者何坦在《西畴常言》中提出:"交朋友必择胜己者,讲贯切磋,益也。"因此,结交能成为自己榜样,比自己能力强的人,会使我们的人生更加顺畅,也会使我们得到更多人的尊敬。与品德高尚的人交朋友,一般不会受到朋友的损害和背叛,即使客观条件发生很大的变化,他们也不会放下自己无私援助的手。品德高尚的人,历来受人推崇,也是人们愿意结交的对象。

因此,如果一个人使你黯然失色,他就不是你理想的友伴,那么千万不要结交这种人,而要结交使你发出更大亮光的人。人们应该尽量不要因为邪恶的同伴而损害自己,就如同应该尽量不要牺牲自己的声誉去增加别人的光彩。

第四章

朋友需要经营，这是艺术，也是技术

你要记住，经营友谊绝非易事。交个好朋友就好像增加了一名新的家庭成员一样，它同时也伴随着风险和责任。要想拓展自己的人脉，必须走出人际交往的误区。本章将为你破解领袖天成之谜，并且为你提出增进个人魅力的确切方法。这些方法会帮助你获得一种无法抵挡的力量，并成为永远的人脉赢家。

不管你与谁交往，在友谊中最重要的是要有行动。在一个能通过文字和通讯工具交流的时代，相互通话正变得越来越容易，但许多人相信真正友谊的证明是朋友们在你需要帮助时所付出的用以显示忠诚、诚实、可信或牺牲的勇气和行动。有时最值得珍视的显示友谊的行为是那些你不指望回报而付出的行为，或者是一件不为名声而做的好事。

你要记住，经营友谊绝非易事。交个好朋友就好像增加了一名新的家庭成员一样，它同时也伴随着风险和责任。有时候好朋友需要你勇敢的诚实，而不是一味的鼓掌；有时候你需要义正词严指出朋友的缺点，而不是尽说一些奉承的话……总之，你要学会如何去维护与朋友之间良好的关系。

艺术经销商尼古拉·劳格斯代尔对此颇有心得，作为世界最知名的利森画廊的创始人,他至今与上百位艺术家都建立起了亲密的合作关系,帮助他们在英国举办了一场场当代艺术展,有时候尼古拉·劳格斯代尔会去拜访收藏家,大部分都是出于兴趣、友谊或是征求意见。曾经有一次,一位新藏家邀请尼古拉·劳格斯代尔一同吃午饭,顺便谈谈他刚获得的一件新作。很显然,与这样的藏家建立良好的关系是尼古拉·劳格斯代尔工作中一个很重要的部分,他也很喜欢做这样的事。然而,到了他家后,尼古拉·劳格斯代尔却发现这位藏家收藏的那件作品竟然被颠倒地挂在了墙上。直接指出他的错误可能会令两人都感到尴尬,尼古拉·劳格斯代尔以恰到好处的幽默感和他交流了这个错误,并未让这位藏家感到羞辱。

与人交往,每个人都必须不断地进行学习,这不仅是一门艺术,更是一种技术。人与人之间的差异有时是惊人的。独特的个性,独特的爱好,独特的生活习惯,独特的知识结构,尤其是独特的心理态势,让我们周围的每一个人都各不相同,比如有聪明的朋友,好玩的朋友,稍笨的朋友,死党分子(就是那些无原则支持你的朋友),还有那些只在周末一块出去逛的朋友……无论你与什么样的人交往,无非是以下几种目的:或者是为了加深了解,发展相互间的合作关系;或者是托人办事,有求于人;或者是批评别人的错误,使对方弃旧图新;或者申述事情的原委,让对方弄清真相……但要达到上述目的中的任何一种,都必须讲求技巧,让对方乐于听从你,而要做到这一点则又必须了解对方,熟悉对方。

因此,要想拓展自己的人脉,必须走出人际交往的误区。本章将为你破解领袖天成之谜,并且为你提出增进个人魅力的确切方法。这些方法会帮助你获得一种无法抵挡的力量,并使你成为永远的人脉赢家。

1. 让别人需要你

一个人脉高手永远都是被人需要和渴求的,别人越依赖你,你的人脉越宽。这个道理同样适用于女性,让男人爱你不重要,学会让男人需要你才重要。

学会维持他人对你的依赖

建立人脉资源的第一步是让人们喜欢你,但这还远远不够,最好的情况是让人们永远地需要你,因此,你必须要学会如何维持他人对你的依赖。如果你是存在着的,那么可有可无地存在着,又有什么意义?因此你必须要让自己永远被人需要和渴求;别人越仰赖你,你的人脉就越丰富。只要别人的幸福与成功都得仰仗你,你就无所畏惧。千万不要让自己可有可无,否则你失去的不仅仅是别人对你的景仰,还有尊敬。

如果你能够做到让他人仰赖于你,让他们乐意从你所求,那么你的人脉就无人可及了。要获得这样的地位,上上之策是创造出依附的关系。让他人需要你分忧解劳,或是少了你就无法运作;你让自己深深涉足于他的工作,没有你会给他带来诸多困难;或者至少要训练别人来取代你,意味着要损失宝贵的时间。一旦建立起这样的关系,你就可以吸引更多的人,你的人脉就广。当你遇到困难或危机时,他人也愿意伸出援手。

伟大的蜘蛛王路易十一酷好占星学。他有一名宫廷占星师,路易十一对他佩服万分。直到有一天,这名占星师预言宫中一名贵妇会在八天之内死亡,预言实现时,路易十一吓坏了,他想要不是占星师谋杀了贵妇以证实他的准确性，就是他太精于此道，他的法力威胁了路易本人。而不管是哪一种情况，这名占星师都得死。

一天晚上，路易十一召见了这位占星师。在占星师到来之前，国王告诉仆人在他给予暗号时，他们就抓住占星师，把他从窗边丢掷到数百尺之下的地面上。

占星师不久就抵达了，但是在下达信号之前，路易十一决定问他最后一个问题："你声称了解占星术而且清楚别人的命运，那么告诉我你的命运如何，你会活多久？"

这位占星师不慌不忙地说道："我会在陛下驾崩前三天去世。"之后国王一直没有下达暗号。占星师的命不但保住了，而且在其有生之年，路易十一不仅全力保护占星师，同时还慷慨地赏赐他，还请高明的宫廷医生来照顾他的健康。最后这位占星师比路易十一多活了好几年，否定了他的预言能力，但是证明了他操纵路易的一流手腕。

这位聪明的占星师深知，只有让路易十一永远需要自己，才会保全自己的性命。于是，他将自己的命运与路易十一的命运牢牢地绑定在一起，这样一来，大权在握的路易十一尽管对这位占星师的预言再好奇，也不敢冒此大险找出答案。

在生活中，你有许多方式可以达到这样的效果。拥有一项不可替代的、极具核心竞争力的技能，其中包括专业领域技能，让自己成为某个专业领域的专家，你的专业技能越强，在这个领域的不可替代性就越高；跨领域的技能，你应该具备解决问题的能力，创新思维，判断与决策能力，表达沟通能力等；性格方面包括：专注、持之以恒、自省（意识到自己的问题所在的能力，这是改进自身的大前提）、好奇心、自信、谦卑（自信和谦卑是不悖的，前者是相信别人能够做到的自己也能够做到,后者是不要总认为自己确信正确的就一定是正确的)等。不管是哪个领域,专业知识和跨专业知识,这两者的地位是同等重要的,是没有先后顺序的。即便你的专业知识非常优秀,但你的思维能力、沟通表达能力等欠佳的话,你可能会取得一定的成就,但会影响你的可持续发展,最终会是一个"短命"的能人。同样的道理,即便你的非专业知识,也就是说你的思维、表达沟通等能力非常强,但如果没有专业知识的深厚底蕴,你的想法充其量也就是"花拳绣腿"。

总之,就是使自己的诸多能力具有不可替代性,让别人需要你,依赖你。千万不要像许多人一样可有可无地存在着。你永远需要别人作为盟友,甚至是一些软弱的朋友。最好状况是其他人越来越依赖你、需要你,你就越成功。总有一天,他们会按照你的意愿行事。

核心竞争力的强弱决定你是否被需要

正如《天下无贼》中那个老贼黎叔说的那样:"21世纪什么最贵?人才!"目前社会对人才的要求越来越高,人才的整体素质也在不断提升。日趋激烈的知识竞争和发展竞争正迫使着每个人必须不断提高自己的核心竞争力,为实现各自的价值目标创造基础性的条件。因此如何培育与提升个人核心竞争力是每个人都应该认真思考的问题。

"核心竞争力"是美国经济学家普拉哈拉德和哈默于1990年在《哈佛商业评论》上首次提出的。美国著名经济学家普拉哈拉德谈道:"就短期而言,公司产品的质量和性能决定了公司的竞争力,但长期而言,起决定作用的是增强公司的核心竞争力。"对于企业而言,核心竞争力简单地说就是企业在经营过程中形成的不易被竞争对手效仿、能带来超额利润的独特能力。它是企业在生产经营、新产品的研发、售后服务等一系列营销过程和各种决策中形成的具有自己独特优势的技术、文化和机制所决定的巨大的资本能量和经营实力。

对于个人而言，个人核心竞争力是以个人专长为核心的知识、能力、素质等各方面的综合体。概括起来说它体现为五个"力"即思维力、意志力、凝聚力、适应力和创造力。

在社会竞争中，如果你能体现出自身的核心专长使其发挥独特的优势及不可替代的作用和地位，你的核心能力越突出，这种优势就越明显、持久竞争力越强，成功的机会与效益就越大。

中世纪时期，一位姓名不可考的佣兵首领拯救了西恩纳城，使得该城免于外敌的侵略。西恩纳城的善良百姓要如何答谢他？多少金钱或荣誉比得上保存一个城市自由的功绩？老百姓想让这名佣兵首领担任城主，即便如此，他们还是觉得不足以报答他。终于其中一人站出来表示："让我们吊死他，然后封他为我们的守护圣人。"

结果事情竟然就这么决定了！

卡曼约拉伯爵是所有佣兵首领中最勇敢、战功最彪炳的一位。他在1442年受雇于威尼斯城，当时威尼斯多年来和佛罗伦萨交战，打得难分难解。

一天极受市民爱戴的伯爵突然被召到威尼斯，接受各式各样的豪华款待与荣耀。然而，在应邀至总督府与总督共进晚宴的途中，伯爵注意到卫兵领他往异于平常的方向走，当他们通过著名的叹息桥时，他突然意识到自己将被带到大牢里。结果他被控以莫须有的罪名，第二天在圣马可广场上，在无法了解命运为何如此戏剧性转变的惊骇群众面前，被斩首示众。

文艺复兴时代的意大利，有许多伟大佣兵首领都遭到与西恩纳的守护圣人，以及卡曼约拉伯爵相同的命运——他们为雇主赢得了一场又一场的战役，结果却使自己遭到驱逐、监禁或处死的厄运。

问题并不在于忘恩负义，而是在于还有那么多其他佣兵领袖跟他们一样骁勇善战，他们是可以被取代的，杀了他们并没有什么损失。同时，他们之中年纪较长者权力也与日俱增，要求越来越多的报酬；除掉他们雇用更年轻、更便宜的佣兵首领当然更划算了。这就是卡曼约拉伯爵的下场，因为他开始举止傲慢，自立为王了。他以为自己大权在握理所当然，而忘了去巩固自己不可或缺的地位。

这就是不努力让别人依靠自己的最终下场，因为迟早都会有新人出现，他们一样能干，而且比较年轻、比较有朝气、比较便宜，也比较不会造成威胁。所以你务必要成为能担当大任、独一无二的人，要让公司的命运与你的命运交织在一起，如此一来公司就不可能除掉你，否则终有一天你会被迫走上自己的叹息桥。

1847 年，俾斯麦成为普鲁士国会议员，他当时 32 岁，在国会中没有一名盟友或朋友。环顾四周，他决心与之结盟的既不是国会中的自由派或保守派，也不是任何一位大臣，当然更不是平民百姓，而是国王腓特烈·威廉四世。这实在是怪异的选择，但却是个精明的选择。因为腓特烈·威廉四世没有什么实权，他个性软弱，犹豫不决，经常对国会里的自由派让步；事实上他缺乏骨气，而且正是俾斯麦在个性及政治上所厌恶的典型。然而俾斯麦夜以继日地讨腓特烈欢心，当其他议员攻击国王诸多愚昧的举措时，只有俾斯麦支持他。

不过，俾斯麦的付出得到了回报，1851 年腓特烈任命他为内阁大臣。接着他继续下工夫，一次一次迫使国王行动，诱使他增强军力，挺起腰杆来面对自由派，完全依照俾斯麦所愿行事。他摆弄腓特烈使其具有男子气概，指导他要坚定不移，保持自尊来统治国家。

他同时慢慢恢复王权，直到君主专制再度成为普鲁士最强大的力量。

1861年腓特烈逝世，他的弟弟威廉继承王位。威廉极为厌恶俾斯麦，无意把他留在身边，但是他也承继了腓特烈面临的形势——强敌林立，处心积虑蚕食他的权力。事实上他正自觉无力承担如此危疑不安的权位，考虑要退位。但是俾斯麦再次出头露面，他支持新国王，给予他力量，怂恿他采取坚定而决断的行动。于是国王越来越仰赖俾斯麦，以高压手段将敌人赶尽杀绝，尽管他讨厌俾斯麦。不久威廉就任命俾斯麦，为首相，虽然在政策上，这两人经常争吵，但是国王明白自己得依靠俾斯麦。

每当首相威胁要辞职时，国王就让步了，而且屡试不爽，所以事实上是俾斯麦制定了国家政策。多年之后，俾斯麦以首相之尊引领德意志诸邦统一为一个国家。俾斯麦聪明地攀上了权力最高峰，他身为国王的左右手，牢牢地掌握了一切。

19世纪中期，有许多野心勃勃的青年政客冀图在德意志政治版图中占有一席之地，他们在最有权势的人物身上下工夫，希望借此建立自己的权力基础。俾斯麦所见不同，他认为加入强势的一方是愚蠢的行为，因为他们会吞掉你。何况如果对方已经很强大了，他们就无须仰赖你。所以俾斯麦比较明智地寻求弱势的统治者或主人，他创造出依附的关系。他变成统治者的力量、才智以及脊梁骨。想想看俾斯麦将拥有多大的权力！如果威廉除掉俾斯麦，整个高台就要坍塌了。"必要性"主宰这个世界，除非被迫，人们鲜少行动，如果你让自己可有可无，一有机会你就会被除掉。

文艺复兴时期，画家要出人头地的关键就是能够找到正确的赞助人。在这方面，米开朗琪罗表现得最出色。他的资助人是教皇朱里士二世，但是在他为教皇修建大理石墓碑时，两人争吵不断，米开朗琪罗厌恶地离开了罗马，令教皇身边人惊讶的是，教皇非但没有开除米开朗琪罗，还以他特有的高傲方式乞求艺术家留下来。他知道米开朗琪罗可以找到另外的赞助人，但是他永远无法找到另一位米开朗琪罗。

当然，我们不是天才，更不可能拥有像米开朗琪罗那样的才华，但是你必须拥有一种出类拔萃的技能。你应该创造出的局面是：无论你就职哪家公司，你都可以随时投靠到另一个公司去，但是你的老板不容易找到另外一位拥有你这种特殊才华的员工。而如果在现实上，你并不是须臾不可离的左右手，那么你就必须找到方法让自己看起来就像是这么重要。摆出拥有特殊知识和技能的架势，你就可以自由回旋，让他们深信绝对少不了你，不过，真才实学比起故弄玄虚好得多，让一切都在你的掌握之中，让你的技能无可替代。

基辛格在白宫多次大换血中始终保有一席之地，并非由于他是尼克松所能找到的最好的外交官，也不是因为这两个人的关系如何好，更不是因为他俩有共同的信仰和政治理念。基辛格屹立不倒，是因为他涉足政府机构内太多的领域，除掉他会导致大混乱。

米开朗琪罗的力量是集中的，单靠一门绝活，他有身为艺术家的才华；基辛格的力量是扩张的，他让自己涉入政府内非常多的方面与部门，于是他的涉足就成为手里的王牌。如果你能为自己安排这样一个地位，除掉你就会变得十分危险——所有的相互依存关系都会解套。不过，集中的模式比扩张的模式提供了更多的自由，因为拥有特殊才能的你不需要依赖特定的人，而你享有这种独有的选择权。

怎样培育与提升个人核心竞争力

对于每个人来说，无论是在学习还是工作中都要善于挖掘自己的潜力，培育和提升自己的核心竞争力。你的竞争力越强，别人就越需要你，离不开你，你成功的机会就越大。

如何培育与提升个人的竞争力，没有快捷的方法，唯一的办法就是不断地学习和充实自己。首先，确立阶段目标，以培养前进动力。确立目标是指在不同的阶段确立不同职业生涯的目标。确立目标首先是要考虑自己的兴趣与能力，不要给自己设立过大的目标，或无论怎样努力都无法达到的目标。一旦目标确定就要排除各种干扰坚持自己的信念。不要常立志，要立常志，始终清楚自己既定的目标并坚定不移地朝着目标奋进。

要时刻提醒自己，实现目标的目的不是为了获得领导的好评，也不是为了提高工资待遇，而是为了提升自己的核心竞争力。当核心竞争力达到顶尖时必然会获得成功，并成为事业上的佼佼者。

其次，依靠持续的学习来获得动力。当前信息时代、知识爆炸、知识经济等等名词充斥着我们的眼帘，这也就是说仅仅依靠在学校所学的专业知识只能形成一时的竞争力还不一定是核心竞争力。因此，为了确保自己在就业市场的竞争力就应努力学习，并尝试开发一种比别人更会学习的核心素质。这是一种方法论，素质不是简单地学会一种知识。当然掌握一定的基础知识是开发核心素质的基础。核心素质是知识、技能的一种提炼、升华，是在各种环境下都能迅速捕捉新的信息并综合运用各种知识主动进行思索、反省，并敢于抛弃现有的一切果断采取行动的一种素养。

个人综合素质的培养不是一朝一夕的事情，而是人生成长过程中不断完善的过程。广泛的社会实践和生活磨炼对任何人的成长都是一笔财富。成功不骄傲失败不气馁，对待生活、工作、学习等方面都要有一个健康的心态。可以认为心态决定一切。积极健康的心态会引导你迈向成功，消极颓丧的心态会令人一蹶不振。成就大业必须具备良好的心理品质，意志薄弱、心理脆弱的人是难以成就大业的。坚韧不拔的毅力、百折不挠的意志以及荣辱不惊的品格等良好的心理品质，对于成就事业是至关重要的。

最后，培养鲜明个性，树立品牌效应。每个人都有个性但并不是每个人都具有鲜明突出的个性。因此，你要想方设法使自己的个性具备鲜明的特点。一般来说，个性特点鲜明突出的人更容易吸引人的注意，与此同时，这样的人也极富有创造力，而这更容易得到一些人的青睐。

由于核心竞争力具有独特性的特点，因而具有鲜明个性及专长的人在其单位中具有不可替代的作用和地位，他在某一项工作中的业绩也不会轻易被其他人的业绩所替代。只要开展某项工作就会有人想到他是最佳的人选，从而在实践中逐渐树立起个人的品牌效应。

核心竞争力并非一般竞争力。如果说竞争力的形成需要十倍努力的话，那么核心竞争力的形成就需要百倍的努力。只有把握住个人核心竞争力的特点，在工作和实践中不断地培育与提升核心竞争力，才能在未来立于不败之地。

知道别人需要什么

要让别人仰赖你，还有一条路是采取秘密情报策略，知晓别人的秘密，掌握他们不想要公开的信息，或者知道他们需要什么。这样一来，你们彼此的命运就会牢牢相连在一起。你知道人们真正需要什么吗？如果你知道答案，就想方设法满足他们。对于企业而言，只有向市场提供适当的产品，使顾客的需要得到满足，最终才能赚取利润。因此，想人之所想，产人之所需，满足别人的需要，这是许多成功的人脉高手选用的策略。

鲜活食品是容易腐烂、不易保管和难储藏的，而要把这些食品运到较远的地方去，又需要较长的时间，这在加工技术上就需要解决更多的难题。在现在的条件下，这个问题不难解决，但在原来却是相当困难的事情。"把肉类做成罐头保存"，这一构思本身就很大胆。后来，这一构想变成了现实，从而为肉类加工进入企业化经营铺平了道路。完成这一业绩的企业家，是美国"亚默尔公司"的创始人菲利普·亚默尔。

亚默尔年轻的时候，离开家乡来到威斯康星州的密尔瓦基城，他要在这里开辟自己的事业。这里有他的一位朋友巴戈，是个开小杂货店的商人。亚默尔向他请教应该做点什么生意适宜。巴戈告诉他，做小生意只能混饭吃，而要想赚钱，就要做大生意。听着朋友的介绍，盘算着自己手头这点资本，亚默尔在投资方向上拿不定主意。正在这时，有几个人进店来要买肥皂。亚默尔灵机一动，就向他的朋友详细打听起肥皂这一行的情况来。

巴戈告诉他，肥皂是每家每户少不了的，天天要用，销路自然很大。但是，这种商品供应不成问题，因为生产的厂家太多了，大家竞争得很厉害，要开新厂挤进去很不容易。亚默尔又详细地问了一些相关情况后，他决定试一试。

经过一番细致的研究和实验，他综合了各种肥皂的优点，终于制造出一种"与众不同"的优质肥皂。这种肥皂的外观和质地都很好，而且还散发出一种芬芳的香味。这些细微的特点立即引起主妇们的兴趣。由于亚默尔独到的生产技术和将顾客购买心理的巧妙利用，他的产品成了畅销货，他也成了全市有名的企业家。

亚默尔陶醉在成功的欢欣中。不料想就在这时，一个意外的打击降临了，一把无名的大火在一夜之间将他的工厂烧得精光。亚默尔不得不到一个新地方圣路易斯城——当时的皮货贸易中心去重建事业。

在圣路易斯两年的皮货经营中，亚默尔没有重大的建树，因为他对这一行不感兴趣。最后，他决心放弃皮货这一行当，挑选一个新的行当，再度杀回密尔瓦基去，让过去忌妒他的人再见识见识他的手段。经过慎重考虑，他决定回到密尔瓦基经营肉类食品业。开业那天，他预备下丰盛的宴席，向过去同他竞争过的肥皂商们发出了邀请。

被邀请的客人并没有忘记这个亚默尔，按照礼节，他们都准时前来赴宴了。宴会气氛热烈，亚默尔站起来致辞，他说："尊贵的客人们，今天是敝公司开张的日子，你们的来临为这个日子增添了光彩。说起来，我们都已是老朋友了，过去我们由于在同一个行业里互相竞争而彼此有了了解，现在我跳到一个新行业里来，更需要你们的支持。因为我经营的是肉类，只有用各位朋友经营的肥皂才能把各种用品洗干净，我的生意好，各位的生意也会好起来，我们的利益是密切相关的。"

亚默尔的一席话把大家以往的怨气全部消除了，大家报以热烈的掌声。现在他们真正成了携手共进的好朋友。在这些朋友的支持下，亚默尔很快在新的事业上打开了局面。亚默尔先买下了一个谷仓做工厂，开始了肉食品加工生产。由于他善于捕捉市场机会，很快就赚取了巨额的利润。

在美国南北战争接近尾声的时候，市场上猪肉价格很贵。亚默尔知道这是暂时现象，一旦战争结束，猪肉价格马上就会跌下来。他密切注意战局发展，等待市场即将发生的转变，以便抓住时机做一笔大生意。

他照例每天读报，从报上的最新消息中他推测，南军败局已定，但不知道还会坚持多久，现在是关键时刻。一天他又拿起当天的报纸，突然一则很突出的新闻吸引了他。新闻说，一个神父在南军李将军的营区遇到几个小孩，他们手里拿着许多钱，问神父什么地方可以买到面包和巧克力。孩子们说他们有两天没吃到面包了。神父问起他们的父亲。孩子们说，他们的父亲是李将军手下的军官，也是几天没有面包吃了，带回来的马肉很难吃。

亚默尔读着这则消息，立即作出判断：南军缺少供给已尽人皆知，但这事发生在李将军的大本营里，而且已到了宰马吃的地步，说明战争即将结束了。而亚默尔早已利用电报同东部市场维持着联系，对那里的猪肉价格了如指掌。现在看到机会已到，他立刻签订了一个大胆的"卖空"销售合同，以较低的价格卖出一批猪肉，约定迟几天交货。当地销售商当然乐于接受这样低的进货价格。可是他们哪里知道战争即将结束，市场价格会迅速跌下来。结果不出亚默尔所料，不几天战局和市场都发生了根本变化，他从中赚取了巨额利润。

人生如棋局，商战亦如棋局，能看到步数越多的人胜算越大。所以，当人们都为了一个狂热的目标发疯时，你可以先想一想，人们真正需要的是什么，它的背后支撑又是什么？只要你能知晓这个秘密，那么用你的真本事来满足他们吧。

最后的警告：不要以为他人仰赖你，是因为他喜爱你。事实上，你越优秀，越会遭到别人的憎恨和畏惧。不过，如同马基雅弗利所说，令人畏惧好过受人喜爱；你可以控制恐惧，爱则永远掌握不了。仰赖爱或友情如此微妙易变的情感，只会让你地位不稳固。最好是让别人因为害怕失去你而仰赖你，而不是喜欢有你为伴。

2. 将金钱转换成影响力

金钱是礼貌与社交的通路，拜伦说："贪婪和吝啬做的酒杯，永远盛不到友情的美酒。"慷慨大方的人，尤其是在朋友遇到困难和不幸时，鼎力相助的人，才是真正的朋友。打开你的大门，流通你的金钱，通过将金钱转换成影响力的炼金术，可以创造出左右逢源的堂皇气派。

金钱是礼貌与社交的通路

对金钱的运用最容易看出一个人是大度还是鄙吝。人人都会玩金钱游戏，但是许多鄙吝之人拒绝运用金钱，最后导致自我毁灭。吝啬者必定贪婪，吝啬者以自我为中心，自私自利是他的行为准则。在他的身上，求取金钱时的贪婪与使用金钱时的吝啬是分不开的。吝啬者对他自己所拥有的财富如同空无分文一样地感到贫乏。法国剧作家莫里哀在他的《吝啬鬼》中，用漫画式的夸张手法刻画了吝啬鬼阿巴贡的形象。还有巴尔扎克笔下的葛朗台和他的前辈阿巴贡一样吝啬贪婪。

看看历史上的大人物：恺撒大帝、伊丽莎白女王、米开朗琪罗以及麦迪西之流，他们之中没有一个是吝啬鬼。而即使是出色的骗术家，为了诈骗也是不怕花钱的。任何只会握紧钱包的人一点也不迷人。你要了解，金钱是礼貌与社交的通路。

在18世纪初期的英国，没有一个人的地位能比得上马尔伯勒公爵夫妇。由于公爵曾率军战胜了法国，因此他被公认为是欧洲最杰出的将领和军事家，而他的妻子是安妮女王最宠信的人。当时的马尔伯勒公爵成为英国人崇拜的对象。为了表彰他，女王奖给他位于坞兹托的一大片土地，以及在那里兴建豪华宅邸的资金。公爵将计划中的宅邸称为布伦安宫，并挑选年轻的范布勒担任建筑师。范布勒多才多艺，他既从事设计建筑，也从事剧本创作。宅邸的营造工程于1705年夏天展开，声势浩大，人人皆寄予厚望。

范布勒对于建筑抱着剧作家的品位与观点，他认为这个宫殿将成为彰显马尔伯勒纵横的才气与显赫权力的纪念碑，所以必须包括人造湖、宽敞的桥、美轮美奂的花园，以及其他稀奇古怪的修饰。然而，从第一天开始，公爵夫人就不满意，她希望宫殿能尽快完工，而范布勒却浪费金钱在一片树林上。于是公爵夫人在每一项细节上斤斤计较，不放过任何琐碎的小事，虽然所有的费用都是由政府来支付的，但她却锱铢必较。终于她关于布伦安宫的抱怨以及其他事情，导致她和安妮女王无可挽回地失和了。1711年，安妮女王将她逐出宫廷，命令她迁出在王宫的寓所。公爵夫人因为地位以及皇家薪俸的丧失而怒不可遏，所以在离开皇宫时，她清空了寓所内的每一样装置，包括铜制门把手。

接下来的十年间，布伦安宫的工程时断时续，因为要从政府那边拿到经费越来越困难，但公爵夫人却认为是范布勒有意要整垮她，于是她仔细计算每一码多出来的铁杆，或是每一尺多出来的壁板，还不断辱骂浪费的工人、承包商和测量员。又老又疲累的马尔伯勒公爵最渴望的莫过于余生可以安居在宫殿里，但是整个计划陷入诉讼的泥淖之中无法进行。工人控告公爵夫人不发工资，公爵夫人则反过来控告建筑师，就在他们闹得不可开交之际，公爵去世，他一生从来没有在他心爱的布伦安宫中住过一天。

马尔伯勒去世后，他留下庞大的财产，价值超过200万英镑，这笔钱完全可以支付宫殿完工的花费，但是公爵夫人丝毫没有退让。她拖欠范布勒以及工人的薪资，并辞退建筑师，而接任的建筑师仍然一丝不苟地遵照范布勒的设计，终于在数年后建成了布伦安宫。然而1726年，范布勒想去参观时，公爵夫人却不准他进入宫殿，他始终无法亲见自己最伟大的作品。布伦安宫预示了浪漫主义运动的开始，它开启了建筑界的全新潮流，但是却给它的创造者带来了20年的梦魇。

马尔伯勒公爵夫人并不缺钱，而是无法慷慨。她无法忍受金钱的丧失，她更忌妒范布勒的创造力，这位伟大的艺术家所获得的声名是她所不可及的。虽然她没有他的天赋，但是她的确有钱，可以在最琐碎的细节上折磨他、辱骂他、毁掉他的一生。然而，公爵夫人为她的不智之举付出了可怕的代价，她让应该十年完工的工程拖成了20年，这不仅使得她自己远离了宫廷，还让只希望能够住进布伦安宫过太平日子的公爵深感痛苦。更衍生了无休无止的诉讼，并缩短了范布勒的艺术生命。还有最后一点，后世盖棺论定：范布勒被公认为天才，而公爵夫人因为她无与伦比的小气而遗臭万年。

贪婪的人冷酷无情，眼里只有钞票，而将其他人看成是其追求财富路上的障碍物。他们践踏别人的情感，同时疏远珍贵的朋友。没有人想跟贪婪的人共事，他们最终的下场就是成为孤家寡人，这往往也就导致了他们的毁灭。

贪婪的人往往是骗子的主要目标，因为当受到飞来横财的诱惑时，他们会一口气吞下钓钩、钓线和钓锤。这种贪婪的人很容易被诈骗，因为他们花太多时间在数字上（而不是与人交往），结果往往会使人利用他们的贪婪，从中取利。

吝啬者必重财轻义。人与人之间是需要相互帮衬的，有时候这种帮助需要我们牺牲一些自身的利益，这对于吝啬者而言肯定是痛苦万分的事情，一根扔弃的羊腿尚且让阿巴贡悲恸欲绝，让他慷慨解囊岂非抽筋剥皮？

吝啬者必多疑。当保存自己的钱财成了吝啬者的神圣人生使命后，所有的人便都成了他的敌人。朋友对于他，是打秋风的不速之客；亲人在他，是夺取钱财的潜在对手。阿巴贡、葛朗台这帮人，之所以在人前装出一副可怜相，不就是害怕人们算计他们的钱财吗？所以，凡吝啬鬼性格上必阴险、偏执、多疑和过敏。

和吝啬者交友，最大的问题，不在于你为他付出了多少，而在于无论你付出了多少，在他看来，都是毫无意义的。他感谢你，只是在表面上，而心底里，一方面正为自己占了便宜而沾沾自喜，另一方面说不定正骂你是傻瓜呢！两人出去吃饭，吝啬鬼总是口口声声说自己付账，却迟迟不见掏钱；朋友有困难，吝啬鬼总是笑脸相向，慷慨大方，不过这也只是在口头上。他们口惠而实不至，或许正是一种逃避的策略。他说要掏钱，正是提醒你别忘了掏钱；他说帮助你，或许是叫你免开尊口！

因此，若想获得他人的尊崇必须气度恢弘，绝对不可显露出小家子气。要想建立人脉，必须先树立起慷慨的声誉，最好是出手大方，到最后你会因自己的慷慨而获得更多的收益。

用钱购买影响力

依靠慷慨你可以在众人之中建立起不可摧毁的威信，一个人的钱袋不应当捂得太紧，当该慷慨解囊时不要一毛不拔，也不应当放得太松，什么人都可以从里面掏钱。策略性的慷慨永远是出色的武器，可以建立支持的基础，千万不要让经济上的细节蒙蔽了你，以至于看不出来别人是如何认知你的形象的，你的金钱比权力更能买通别人的顺服，你的慷慨大方必然会吸引更多人追随你，心甘情愿地为你卖命。

阿雷帝诺是文艺复兴时期的艺术家，以尖锐的讽刺作家身份出名。但是作为卑贱的鞋匠之子，他必须找到赞助人，支持他舒适的生活方式，同时又不干涉他的作品。1528年，阿雷帝诺带着一大笔钱离开罗马，落脚在没什么人听过他的威尼斯。搬入新家后不久，他打开大门欢迎客人上门，不论贫富，皆以宴会和娱乐活动款待。他每认识一位船夫，就赏给他们丰厚的小费，俨然一副王室的派头。在街上，他也大方地施舍，把钱送给乞丐、孤儿和洗衣妇人。最后在城市的平民百姓开始传言，阿雷帝诺不只是伟大的作家，他还是有权有势的大人物，是一位领主。

不久很多艺术家以及有影响力的重要人士开始频频造访阿雷帝诺，几年之内他就跻身为名流。来威尼斯参访的达官贵人，都会造访他后才肯离去。虽然他的慷慨用掉了大部分的积蓄，但是为他买到了影响力和好名声，这正是他成功的基石。因为在文艺复兴时期的意大利，有能力任意花钱是有钱人的特权。于是贵族阶层根据阿雷帝诺花钱的表现，判定他必然是举足轻重的大人物。而既然是有影响力的人士当然值得花钱去收买，于是阿雷帝诺开始收到各式各样的礼物和金钱。许多公爵、富有的商人、亲王为了赢得他的青睐，争相大量赠送他五花八门的礼物。

当然，阿雷帝诺的花钱习惯是策略运用，而这项策略像符咒一样生效了。但是要获得真正的金钱与舒适，他还需要一位拥有巨大财富的显赫赞助人。在经过仔细研究之后，阿雷帝诺终于把目光锁定在极为富有的曼特瓦侯爵身上。他写了一首史诗献给侯爵，这是作家在寻求赞助人时的普遍做法：以题献作为交换，他们会换得一小笔津贴，足够他们写下一首诗，因此他们得不断地卑躬屈膝才能过日子。然而，阿雷帝诺想要的并不只是微薄的工钱。他是要把诗作为礼物献给侯爵，这意味着他不是被人雇用的作家，而是要和侯爵平等论交。

阿雷帝诺的送礼招数不止于此：身为威尼斯两位最伟大的艺术家、雕刻家桑索维诺和画家提香的密友，他说动两人参与他的送礼计划。而在侯爵身上下工夫之前，阿雷帝诺仔细地将他的品位摸得一清二楚。因此等到他代表桑索维诺和提香将侯爵最喜欢的雕刻和画作送去作为礼物时，侯爵简直是欣喜若狂。

接下来的几个月，阿雷帝诺又送给侯爵更多的礼物：刀剑、马鞍、一件伯爵十分珍爱的玻璃制品。不久，他、提香与桑索维诺三人开始收到侯爵的回报礼物。这项策略的成功意义还更深远：阿雷帝诺有一位朋友的女婿被关在曼特瓦的监狱里，阿雷帝诺让侯爵想办法将他释放出来。阿雷帝诺这位朋友是一个富裕的商人，在威尼斯有很大的影响力，为了回报阿雷帝诺，只要有可能，他都会尽力协助阿雷帝诺。终于阿雷帝诺影响力的范围越来越广，他不但能够一再利用侯爵广大的政治权力行事，同时也在许多宫廷事务上助侯爵一臂之力。

阿雷帝诺渐渐觉得侯爵应该更大方地酬谢他的慷慨，但是他不会降格去乞求或哭诉：因为两人交换礼物已经把他们定位为平等，提出钱的问题似乎不对。最后他从侯爵的圈子退出，猎取其他有钱的猎物。首先他瞄准的是法国国王法兰西斯，其次是麦迪西家族、乌比诺公爵、神圣罗马帝国皇帝查理五世，以及其他人选。最后阿雷帝诺拥有了许多赞助人，这意味着他无须向任何一位折腰，而且他的影响力似乎比得上这些伟大的君主。

阿雷帝诺之所以能够拥有如此大的影响力，是因为他了解金钱的两项主要性质：第一，金钱必须流通才能带来影响力。金钱应该购买的不是没有生命的物品，而是驾驭人们的能力。借由让金钱保持不断流通，阿雷帝诺买到了不断扩张的影响力，最后的报酬远超过他的花费。

第二，阿雷帝诺了解礼物的关键特性。送礼意味着你和受者的地位是相等的，甚至你的地位会比受者更为优越。例如，朋友无缘无故送你东西，你可以确定他们会期待回报，为了得到你的回报，他们会让你感觉有所亏欠（这样的机制或许他们了然于胸，也可能没有完全意识到，但一切就是如此运作）。

阿雷帝诺却不会让这些累赘妨碍他的自由。他并不是表现得像个奴仆，期待握有权势的人资助他的生活，而是将整个运作颠倒过来。他不蒙受权势人物的恩惠，反而让他们觉得亏欠他，这就是他送礼的重点，礼物是帮助他攀上最高社会阶层的阶梯。到了晚年，他已经成为全欧洲最著名的作家。

你得了解：金钱或许可以决定你与他人的关系，但是这些关系不需要仰赖你拥有多少金钱，而是取决于你运用金钱的方式。出手大方的人要购买的是影响力而非物品。如果你接受自己劣等的地位，因为你尚未拥有财富，你可能发现自己永远翻不了身。你同样可以运用阿雷帝诺对付意大利贵族阶层使用的谋略：想象自己与他们平等，摆出君王的行仪，大方赠与，打开你的大门，流通你的金钱，通过将金钱转换成影响力的炼金术，创造出左右逢源的堂皇气派。

选择策略性的慷慨

在现实生活中，所有事物都必须依据它的价值来判断，而且一切事物都有价钱。免费供应或者经过打折的事物，往往伴随着受恩的复杂情感，或者意味着品质上的妥协。所以你应学会如何护卫最宝贵的资产：独立自主地操纵空间，你应学会付出全额的价钱，让自己免于危险的纠葛以及烦扰。

在金钱上保持开放与灵活弹性，也教导了你策略性慷慨的价值，这是谋略"先予后取"的变形——赠与适当的礼物，能让受者不得不感恩。因为慷慨会使人软化，于是加倍地喜欢你。如果你能获得慷慨大方的美誉，你就赢得了人们的敬佩。同时有策略性地散财，你会令其他人倾倒，并创造欢愉，同时结交到珍贵的朋友，自然会为你扩展丰富的人脉。

1820年初期，金融界大亨罗斯柴尔德在巴黎发迹之后不久，他就面对最棘手的问题：一名德国犹太人，法国社会的圈外人，如何才能赢得仇视外国人的法国上层阶级的尊敬。罗斯柴尔德是了解慷慨要义的人：他知道他的财富会带给他地位，但是如果他继续在社交上疏离，最后地位与财富都将不保，因此他仔细观察了当时的社会，思考如何受人欢迎。

慈善事业？法国人一点也不在乎；政治影响力？他已经拥有，结果只是让人们更加猜疑。他终于找出一个缺口，那就是在君主复辟时期，法国上层阶级非常无聊，因此罗斯柴尔德开始花费惊人的钱财款待娱乐他们。他雇用法国最好的建筑师来设计庭园和舞厅；他雇用最著名的法国厨师卡雷梅准备了巴黎前所未有的奢华宴会。这是任何一个法国人都抗拒不了的，即使这些宴会是德国犹太人举办的。罗斯柴尔德每周的晚会吸引了越来越多的客人，很快他就赢得了法国人的尊敬。

策略性的慷慨永远是出色的武器，可以建立支持的基础，尤其是对外来者而言。然而罗斯柴尔德知道正是他的钱在他和法国人之间筑起一道藩篱，让他看起来丑陋、不值得信任，要克服这点最好的方式就是真的去挥霍掉大笔金钱。无疑这样的姿态显示出他看重法国文化与社会超过金钱，罗斯柴尔德的做法类似美国西北部著名的"夸富宴"：定期在纵酒狂欢的节庆场合，放火烧掉财富，印第安部落以此象征他们的权力凌驾于其他部落之上。罗斯柴尔德知道真正的权力基础不在金钱，而是他有能力耗费金钱，同时他相信，只要拥有了优越的地位，完全可以让那些耗费掉的财富失而复得。

罗斯柴尔德的晚会反映出他渴望提高自身人脉，与法国社会打成一片的愿望，虽然他也是通过花钱来赢得社会接纳的，但是他所获得的支持基础不是金钱本身就可以买到的，为了保障财富他必须"挥霍"财富，这就是策略性慷慨的要义——你要有本事灵活运用你的钱，让金钱发挥作用；不是去购买物品，而是赢得人心。

在人与人的交往中，金钱利害关系常常是人们无法回避的。朋友之间无涉金钱只是一种理想中的情况，食人间烟火的凡人们，几乎没有人能真正做到这一点。钱本无罪，关键是我们得有一个对它的正确的态度。追求财富，积聚财富，本无可厚非，但当一个人把追求财富，积聚财富作为自己唯一的生活内容时，当对金钱的贪欲和占有欲充斥了他的大脑时，金钱就成了他的命根子，成了他的精神支柱，这种对金钱的爱，就变成了贪婪和吝啬。这种贪婪和吝啬不仅会刺伤他自己，也同样会伤害他人。

拜伦说："贪婪和吝啬做的酒杯，永远盛不到友情的美酒。"相反，慷慨大方的人，尤其是在朋友遇到困难或不幸时，鼎力相助的人，才是真正的朋友。患难见真情，逆境显良友，吝啬者在这种考验面前只能一败涂地。

吝啬是极难改掉的毛病，所以才有人吝啬成癖。吝啬的人容易给人以小家子气，做不成大事的感觉。吝啬者的目光短浅，怯于竞争，所以也就成不了事、创不了业。而反对吝啬，绝不是提倡铺张浪费，这正如慷慨不是铺张浪费一样。有些人喜欢摆阔，好像只有大把花钱才能撑出个门面。这与吝啬者可以说是殊途同归——他们都是金钱的奴仆。吝啬者以拥有金钱来显示自己的价值，而铺张者则以消费金钱来显示出自己的价值。

　　西方有句谚语：试金石测验黄金，黄金测验人。在金钱面前，吝啬与铺张都是错误的选择。那么，正确的选择是什么？既不是吝啬，又不是铺张。策略性的慷慨在交际场上有着明确的作用，因为慷慨会吸引人，让对方软化，更能让你结交到朋友。但是慷慨必须运用得法，所以在心里一定要有明确的目的。另一方面，一视同仁的赠与者是很慷慨的，因为他们希望人人都爱他们、仰慕他们。但是他们的慷慨如此急切，很可能得不到想要的效果：如果人人都收到礼物，接受者怎么会觉得特别呢？被人当做慷慨之人是好的，不过，像世人所了解的那种慷慨却会损害你的利益。比较聪明的办法是：选择策略性的慷慨，既不使自己背负守财奴的名号，也不要使自己过于挥霍。

3. 关键时刻及时伸出援手

　　适时地为陷入尴尬境地或困难之中的人提供一个台阶，他将记住你的恩惠。一个懂得经营人脉的人，总是能通过帮助别人来更好地促进自身的发展。

善于捕捉每个可以帮助他人的机会

　　在社交活动中，能适时地为陷入尴尬境地的对方提供一个恰当的"台阶"，使他免丢面子，是为人的一种美德，这不仅能使你获得对方的好感，而且也有助于你树立良好的社交形象，使别人感受到你的人格魅力，自然提升了人脉。相反，对方陷入困境中，你不闻不问，置身事外，对方没能下得"台阶"，出了丑，可能会记恨你一生。是让人感激还是让人记恨，关键是自己如何在"台阶"问题上不陷入误区。

美国成人教育专家戴尔·卡耐基是处理人际关系的"老手"，然而早年时，也曾犯过小错误。有一天晚上卡耐基参加一个宴会，宴席中，坐在他右边的一位先生讲了一段幽默故事，并引用了一句话，意思是"谋事在人，成事在天"。那位健谈的先生提到，他所引用的那句话出自《圣经》。但卡耐基知道这位先生错了，他很肯定地知道出处，一点疑问也没有。为了表现优越感，卡耐基忍不住纠正他。他立刻反唇相讥："什么？出自莎士比亚？不可能！绝对不可能！"那位先生一时下不来台，不禁有些恼怒。

当时卡耐基的老朋友法兰克·葛孟坐在他左边。他研究莎士比亚的著作多年，于是卡耐基就向他求证。葛孟在桌下踢了他一脚，然后说："戴尔，你错了，这位先生是对的，这句话的确出自《圣经》。"

那晚回家的路上，卡耐基对葛孟说："法兰克，你明明知道那句话出自莎士比亚。"

"是的，当然。"他回答，"《汉姆雷特》第五幕第二场。可是亲爱的戴尔，我们是宴会上的客人，为什么要证明他错了？那样会使他喜欢你吗？他并没有征求你的意见，为什么不保留他的脸面？"

法兰克·葛孟给戴尔·卡耐基上了生动的一课，他告诫戴尔·卡耐基说：某些情况下你需要给人一个"台阶"，一些无关紧要的小错误，放过去，无伤大局，那就没有必要去纠正。这样不但能保全对方的面子，维持正常的谈话气氛，还能使你有意外的收获——在对方和在场的人心目中建立良好的印象，这无疑有利于建立自己的人脉。这方面，丘吉尔做得相当到位。

英国首相丘吉尔和夫人克莱曼蒂娜曾一同出席某要人举行的晚宴。席间,一位著名外交官将一只小银盘偷偷塞入怀里,但他这个小小的举动被细心的女主人发现了,她很着急,因为那只小银盘是她心爱的一套古董中的一部分,对她来说很重要。怎么办?女主人灵机一动,想到求助于丘吉尔夫人把银盘"夺"回来,于是她把这件事告诉了克莱曼蒂娜。丘吉尔夫人略加思索,向丈夫耳语一番。只见丘吉尔微笑着点点头,随即用餐巾作掩护,也"窃取"了一只同样的小银盘,然后走近那位外交官,很神秘地掏出口袋里的小银盘说:"我也拿了一只同样的小银盘,不过我们的衣服已经被弄脏了,所以应该把它放回去。"外交官对此语表示完全赞同,两人将盘子放回桌上,于是小银盘物归原主。

如果丘吉尔不是为这位外交官寻找一个恰当的"台阶",而是把他的错处在公众面前"曝光",就会使这位外交官陷入窘境而感到难堪或恼怒。在交际中,如果不是为了某种特殊需要,一般应尽量避免使对方当众出丑。你完全可以像丘吉尔这样委婉地暗示对方已知道他的错误或隐私,便可给他造成一种压力。但不可过分,只需点到为止。这样对方下得了台,自然会对你心存感激。

适时地为陷入尴尬境地的人提供一个"台阶",他将记住你的恩惠。与人方便就是与己方便,设身处地去帮助别人,可以赢得人心。

在社交中,常会进行一些带有比赛性、竞争性的文化活动,比如棋类比赛、乒乓球赛、羽毛球赛等。尽管这是一些文娱活动,但大家都希望成为胜利者,有经验的社交者,在自己绝对能取胜的情况下,往往并不使对方败得很惨或者狼狈不堪,反倒是有意让对方胜一两局,这样既不妨碍自己获胜，又不使对方太失面子。其实，作为社交活动，并非正式比赛，对输赢不必那么认真，主要目的还是交流感情，增进友谊，满足文化生活的需要；否则，计较起来，会给对方造成不佳的心情。

我们不但要尽量避免因自己的言行不慎造成别人下不了台，而且要学会在对方可能不好下台时，巧妙及时地为其提供一个"台阶"。否则，很可能会由于方法不当，本来是帮助对方下台，结果反而弄得对方更尴尬。

帮助他人就是成就自己

在我们人生的大道上，肯定会遇到许许多多的困难。但我们并不是都知道，有时候在前进的道路上，帮助别人搬开脚下的绊脚石，恰恰是为自己铺路。第二次世界大战时，一位上尉忽然发现一架敌机向阵地俯冲下来。一般来说发现敌机俯冲时要毫不犹豫地卧倒。可这位上尉并没有立刻卧倒，他发现离自己四五米远处有一个战士还站在那儿。他顾不上多想，一个鱼跃飞身将小战士紧紧地压在了身下。此时一声巨响，飞溅起来的泥土纷纷落在他们的身上。上尉拍拍身上的尘土，回头一看，顿时惊呆了：刚才自己所处的那个位置被炸成了一个大坑。

天底下只有一个办法可以影响别人，就是想到别人的需要，然后热情地帮助别人，满足他们的需要。

美国黑人杰西克·库思是一位名不见经传的小报记者。因为种种原因，在其所工作的报社中他感到四面楚歌，受人排挤，与别人交往更成了他最头疼的事情。

那时，美国的石油大王哈默已蜚声世界，报社总编希望几位记者能采访到哈默，以提高报纸的声誉与卖点。杰西克便在心底暗暗发誓，一定要独立完成稿子，以便让他们不敢轻视自己。

有一天深夜，杰西克终于在一家酒店门口拦住哈默，并诚恳地希望哈默能回答他几个简短的问题。对杰西克的软磨硬缠，哈默没有动怒，只是和颜悦色地说："改天吧，我有要事在身。"

最后迫于无奈，哈默同意只回答他一个问题。杰西克想了想，问了他一个最敏感的话题："为什么前一阵子阁下对东欧国家的石油输出量减少了，而你最大的对手的石油输出量却略有增加。这似乎与阁下现在的石油大王身份不符。"

哈默听了杰西克的问题后不瘟不火，平静地回答说："关照别人就是关照自己。而那些想在竞争中出人头地的人如果知道，关照别人需要的只是一点点的理解与大度，却能赢来意想不到的收获，那他一定会后悔不迭。关照是一种最有力量的方式，也是一条最好的路。"

哈默离去后，杰西克怅然若失地呆站街头。他以为哈默只是故弄玄虚，敷衍自己。当然那次采访也没有收到预想的效果，他一直耿耿于怀，对哈默的那番不着边际的话更是迷惑不解。

直到有一次，杰西克在有关哈默的报道中读到了这样一段故事——在哈默成为石油大王之前，他曾一度是个不幸的逃难者。有一年冬天，年轻的哈默随一同伴流亡到美国南加州一个名叫沃尔逊的小镇上，在那里，他认识了善良的镇长杰克逊。而杰克逊对哈默的成功起了不可估量的作用。

那天，冬雨霏霏，镇长门前的花圃旁的小路一片泥淖。于是行人就从花圃里穿过，弄得花圃里一片狼藉。哈默替镇长感到痛惜，便不顾寒雨染身，一个人站在雨中看护花圃，让行人从泥淖中穿行。这时出去半天的镇长笑吟吟地挑着一担煤渣铺在泥淖里。结果，再也没有人从花圃里穿过了。最后镇长意味深长地对哈默说："你看，关照别人就是关照自己，有什么不好?"

这个故事使杰西克终于领悟到，每个人的心都是一个花圃，每个人的人生之旅就好比花圃前的小路。而生活的天空又不尽是风和日丽，也有风霜雪雨。那些在雨路中前行的人们如果能有一条可以顺利通过的路，谁还愿意去践踏美丽的花圃、伤害善良的心灵呢？

从那以后，杰西克与报社其他同事坦诚相处。他知道，理解和大度最容易缩短两颗敌视的心之间的距离，而关照就是两颗心之间最美的桥梁。同事们不再排挤他了，亲切地喊他"黑蛋"。而直到多年后，他卸下报社主编的重担，一人隐居在乡间安享晚年的时候，围着他蹦蹦跳跳的不同肤色的孩子们都喊他"黑蛋"，因为他的邻居们真的已记不得他叫什么名字了。"独木难成林"，当杰西克明白这个道理后，他的整个人生也因其观念的转变而发生了改变。没有一个人可以不依靠别人而独立生活，在这个需要互相扶持的社会中，先主动伸出友谊之手，你会发现原来四周有这么多的朋友，你并不孤单。

救人于危难之中，更能提升人脉

公元前3世纪，秦始皇修建了长达8000多公里的长城。这道城墙虽然成功地防御了外敌入侵，但同时也阻止了华夏古国的文明的外流，影响了中国与世界的交流。而明智的君王，从来不会为人民所恨，因为他们仰赖的是臣民的善意，而不是要塞的力量。

堡垒实际上是力量孤立的象征，很容易成为敌人攻击的目标。用来防卫的堡垒，事实上截断了外界支援，同时也失去了回旋的余地。堡垒可能固若金汤，然而一旦你被困，人人都晓得你的下落，即使攻不破你的堡垒，但足以将其变成囚禁你的监牢。由于空间狭小，与外界隔绝，堡垒更是非常容易受到瘟疫等传染病的侵袭。在战略意义上，孤立堡垒不但没有防卫功能，事实上还会制造出更多的麻烦。

一个组织的发展，并不像某些狭隘自私的人所想象的那样，必须以损害他人的利益为基础和前提，也不是与周围的整体环境漠不相关。一个高明的人，总是能高瞻远瞩、独具慧眼地看到其他组织或人的存亡兴衰对本组织及自身人脉的深刻影响，并善于化不利因素为有利因素，通过帮助别人、成就别人来更好地促进自身的发展。反之，一个毫无远见的人就如同虞国国君那样，认为只有损人才能利己，只看见一时的利益，以邻为壑，见危不帮，甚至只是一味地损害别人，其结果，害人并没有真正利己，反而最终自食其果。中国谚语中常讲的"城门失火，殃及池鱼"、"唇亡齿寒"等等，说明的就是这一道理。

春秋时期的晋国一直野心勃勃，意欲吞并周围的小国，扩展自己的疆土和势力。这一年终于找到了一个借口征伐虢国。棘手的是，虢国并不直接与晋国接壤，在两国之间，隔着一个虞国。晋国要攻打虢国，进军时就必须要经过虞国。要是连虞国一起讨伐的话，又势必会将事态弄大，引起其他诸侯国的警惕和反对。

晋国君臣商议之后，决定派使臣去虞国，送重礼给虞国国君，要求借道攻打虢国。虞国国君是个毫无远见的庸君，又非常贪财。他问明晋国使臣的来意之后，认为反正晋国攻打的是虢国，又不是自己，仅仅让晋军从本国经过，就落得这么多财宝，何乐而不为呢？于是，虞国的国君不假思索便同意了。当时虞国有一位名叫宫之奇的大臣看出这件事的潜在危险，就劝谏道："虢国是虞国的外围，如果让晋军借道攻打虢国，就等于自己破除自身的屏障。如果虢国亡了，那么虞国的末日也就不远了。到那时，晋军回马一击，而由于我国这种见利忘义、不顾邻邦的行为，必定会令其他诸侯国鄙弃，自然无人来救。这就正如谚语所说的唇亡齿寒呀！"宫之奇所言极有道理，但虞国国君却认为他是故弄玄虚、无事生非。虞国国君根本不听劝阻，让晋军通过本土去攻打虢国，虢国势小难敌，很快就被晋国灭掉了。事隔不久，晋国便寻衅讨伐虞国。邻邦果然袖手旁观，无人援救，虞国也迅速遭到虢国一样的命运。

虞国只顾自己一时的私利，而置邻邦的安危于不顾，结果终于导致自己的灭亡。虞国的灭亡证明了这样一个道理：作为领导者不仅要处理好企业内部的关系，而且要正确地处理好本企业与邻近组织、同行以及相关企业的关系，采取相互支持、相互促进的方略，以求得共同发展。这样做的原因很简单：得道多助，多助必兴；失道寡助，寡助必亡。

春秋初期，北方的燕国常遭到域外山戎的侵扰。公元前664年，山戎大举南侵，燕国抵挡不住，就向齐国请求出兵援助。当时南方大国楚国，不承认齐国为霸主，也不参与中原各国的会盟，一直与齐国作对。齐国国君齐桓公想先讨伐楚国，然后回头再对付山戎。管仲劝谏道："君王要征伐楚国，先得打退山戎。北方安定了，才能专心经略南方。"

齐桓公认为管仲所说有理，便派大军，出征山戎。山戎不敌齐国大军的攻击，只得仓皇后撤。齐军穷追不止，按照管仲的部署，斩草除根，乘胜大败山戎，并将山戎的前卫国孤竹国一举灭除，使山戎再也无力为患了。经此一战，燕国不仅转危为安，而且增加了500里疆土，成为了一个大国。燕国君臣对齐桓公万分感激，天下诸侯闻知此事，也更加钦佩齐国，齐桓公霸主的声望由此变得更高了。

齐国出兵讨伐山戎，不仅救燕国于水火之中，而且也因此一举闻名天下，齐桓公在无形中提升了自身的威望，使各路诸侯敬而近之。而更让人钦佩的是齐国两年后的另一个壮举。公元前 662 年年底，太行山一带的狄人侵犯邢国，邢国势小力弱，形势十分危急，管仲又给齐桓公出谋说："诸夏各国，彼此亲近，算是一家。一国有难，不应袖手旁观。我们现在只有出兵救邢，才是上策。"齐桓公依计再次出兵救援。

公元前 660 年冬，狄人又卷土重来，攻灭了黄河北岸的卫国。在经过狄人的一番抢杀之后，卫国只剩下男女老弱 700 多人，逃到黄河东岸，加上原有的河东居民，不过 5000 人。原来君主懿公已经战死，新君戴公率领百姓在曹城临时驻扎下来，虽称之为国，实则一无所有，无法生存。就在卫国极其困难时期，齐桓公和管仲又雪中送炭，伸出援助之手，派公子无亏为大将，率领 300 辆兵车，3000 名甲士，前来帮助卫国设防。随同大军，带来好马和祭服送给卫君，同时还送来牛、羊、猪、鸡、狗等家畜数百，以及建造宫室房屋的木料等各种生活用具。幸亏齐国的这一番救济，卫国才算渡过难关。

此后，齐国又在灾难之时保住邢国，齐桓公的声望越来越高。这两件仁义之举，使邢、卫两国的君臣百姓得以安邦定国，感激之情难以言表，从此对齐国衷心拥戴、肝胆相见，时时处处自觉地维护齐国的盟主地位。其他诸侯列国见齐国如此仁至义尽，赞叹之余，也都纷纷归附。

管仲辅佐的齐国国君不像虞国国君那样目光短浅，在人危难之时趁火打劫，而是休戚与共，济人危难，最终既利于别人，更利于自己，使齐国的霸业更加巩固。因此，你要学会怎样去帮助别人，有时候救人于危难之中，更有利于扩展你的人脉。你的声望越高，人脉资源就会越来越丰富。声望是一个描述你与某个组织、朋友圈关系的数值，你在组织或朋友圈的声望越高，那么这个组织和朋友对你的好感度也会越高。

因此，尽可能地去帮助你周围的人，尤其是在一些关键时刻及时伸出援手，会为你赢得许多人的欢迎。时间一长，人们对你的好感度到达一定程度后，当你有求于他们，他们会义无反顾地为你提供帮助。

4. 交人莫持实用主义

幸运时朋友了解我们，逆境时我们了解朋友。千万不可贫贱移友、富贵移交，否则你失去的不是一个故交旧友，而是他整个的朋友圈。要结交真正的朋友，同时更要让自己成为别人真正的朋友。记住，超越地位、财富、名声的友谊才是真正的友谊。

千万不可贫贱移友、富贵移交

人际交往中，感情是建立在两颗心灵的沟通与共鸣的基础之上，作为外在于情感的金钱、地位、名声、权力等，只可能影响情感交流的方式，而不能取消或改变情感的固有内涵。当一个人面对外界环境的变化，头脑发热，自我膨胀，不屑于继续已有的社会关系时，那种自以为高人一等的表现必然导致他身边的人疏远他。

对人际交往和情感持实用主义态度的人必定富贵移交。如果交友的目的仅仅是为了谋取自身的利益，朋友对于他来说，不过是有用则用无用则弃的工具罢了。古人有"飞鸟尽，良弓藏；狡兔死，走狗烹"的感叹，其中包含着被人利用的愤慨和无奈。一旦把朋友当做工具，他就不可能用心去交朋友，而是用心计去交朋友，他时时刻刻仔细地盘算着自己的得失。当你得势时，他可以摇尾乞怜，百般迎合，一旦失势就翻脸不认人。

此外，过去有劣迹而又不思悔改的人和那些一夜成名一夜暴富的人容易走上富贵移交的歧路，前者急于摆脱过去，后者则容易忘记过去。

西方有句谚语：顺境时朋友了解我们，逆境时我们了解朋友。当我们处于逆境时，真正的朋友会心甘情愿地与我们共同承担厄运；当我们处于顺境，春风得意时，朋友也能从我们的言行中判断我们是否是其真正的朋友。有人在贫寒中尚能真诚待人，一旦时来运转，飞黄腾达，就变了一个人似的，趾高气扬，不可一世，好像天下英雄，就他一人。在朋友面前这样摆谱儿，实在是对朋友的侮辱，就算你富贵不移交，朋友也会遗弃你。

贫贱移友、富贵移交，这种人的未来只有一个，那就是孤家寡人，郁郁而终。其危害程度不在于你失去了一个故交旧友，而在于你将永远得不到真正的友谊。相反，超越地位、名声、财富的友谊才是真正的友谊，这种友谊不仅无损于一个人的形象，而且使他显得更成熟、更圆满、更完美。

见利忘义等于封杀自己

电视剧《蜗居》中宋思明对人脉有过这样的评价，他说："关系这个东西啊，你就得常动。越动就越牵扯不清，牵扯不清就烂在锅里。要总是能分清你我他，生分了。每一次，你都得花时间摆平，要的就是经常欠。欠多了也就不愁了，他替你办一件是办，办十件还是办啊。等办到最后，他一见到你就头疼，那你就赢了，要风得风，要雨得雨。"宋思明虽说的是一个贪官的逻辑，但人就是这样，来往多，关系就好。所以，不要自我封闭，也不要非让人头疼。要懂得挖掘人脉中各个方面有助于自己的关系，然后真诚维护、真诚经营，缔造双赢或多赢的局面，这就是管理人脉的基本逻辑。要知道人的力量是无穷的，人脉的爆发力也是强大的。人脉会使你的工作、事业畅通许多，会使你的生活变得丰富多彩，会让你觉得人生的路越走越宽。

切不可见利忘义、背叛朋友，否则，你辛苦经营来的人脉也会就此斩断，相当于你封杀了自己所有的路。人脉是靠日常的威信和感情一点一滴积累起来的，摧毁它，你会付出沉重的代价。

秦昭王时，秦国势力很强盛。秦昭王为了笼络投奔自己的范雎，就想方设法要捉拿范雎的仇人魏齐。听说魏齐在平原君那儿，秦昭王就给平原君去了封信，谎称说："我平时闻您人品出众，极愿与您结成'布衣之交'，您若来敝国，一定与您痛饮十天。"当时秦国国力强盛，为天下一霸，平原君为弱小的赵国着想，不敢拒绝秦国的邀请。

在秦国连续喝了好几天酒，也没见秦昭王提出什么，平原君心想：此番之行大概要风平浪静了。不料想有一天秦昭王终于摊牌了。他对平原君说："我听说魏齐待在您那儿，您知道范雎曾受魏齐的陷害，而范雎是我的叔父，他的仇人也就是我的仇人，请您把魏齐交给我，要不我就不放您回国。"

士可杀不可辱，平原君是战国时代著名的四公子之一，闻名遐迩。他根本不怕秦昭王的胁迫，义正词严地说："贵而为交者，为贱也；富而为交者，为贫也。夫魏齐者，胜（平原君之名）之友也。在，固不出也，今又不在臣所。"这两句话的意思，据唐朝司马贞的解释是："言富贵而结交情深者，为有贫贱之时，不可忘之也。"后来平原君的哥哥赵国国王抵抗不了秦昭王的压力，还是杀了魏齐并向秦昭王献上了头颅。但平原君不顾自身安危、不畏强暴而护友的行为，感召了更多有才能的人投靠他。

"富贵不能淫，贫贱不能移，威武不能屈"，这是孟子所倡导的为人准则。一个人，不管是在春风得意之时，还是在穷困潦倒之日，都不改为人本色，才能赢得世人的好评，广增人脉。

那么，怎么判断一个人在环境的变化、位置的变更面前都能保持本色，真正做到了不以物喜、不以己悲呢？只要看看他们平日里怎样对待朋友的就可以了。古人云，见一叶而知秋，窥一斑而知全豹。那种一阔就变脸的家伙，显然不能指望他在大节上做到富贵不淫，贫贱不移，威武不屈。

经营人脉并非是一件难事，但在这个过程中一定不能怀着一份过于势利的短浅眼光。眼光短浅者经营人脉只看表面现象，只在乎眼前利益，对那些眼下大富大贵的人，过于阿谀奉承；对那些眼下穷困潦倒之人则太过轻视。其实，这是人际交往过程中最忌讳的事情。朋友相交，全在情义二字，如果见利忘义，就算不得好朋友。弄清楚这一点，我们就不难结交到真正的朋友了。

以义取利

契诃夫曾说："人在智慧上应当是明豁的，道德上应该是清白的，身体上应该是洁净的。"举义意味着付出，求利意味着索取。义和利的关系具有普遍性，人们在人际交往过程中，处理任何事情，解决任何问题，无一不牵涉到这一关系。不同的人处理义和利的方法也不同，有见利忘义的，有单纯求义的，也有人以义取利。最可恶的是忘恩负义的人，这种人在接受了别人的恩惠之后，回报给别人的却是反目成仇，忘了当年别人给的施舍；只求索取而不知付出，这是没有处理好义和利关系的表现之一。

在当今市场经济社会里，任何经济活动都以取利为目的。在处理义利关系时应该采取什么样的态度？见利忘义显然是行不通的，单取义又违反了经济活动准则，而以义取利不失为一种可行之法。记住，千万别做贫贱移友、富贵移交之人，别让钱左右了你的忠诚与友谊，否则，它会变成一个魔鬼，将你一步步引向深渊。

郑裕彤在香港是一位家喻户晓、老幼皆知的超级富豪，他不仅控制了香港珠宝首饰业及房地产业的大部分买卖，而且还将触角伸向了影视、博彩等众多行业。香港的工商界长期以来都很复杂，那里始终是一个良莠并存、鱼龙混杂的地方。但郑裕彤作为香港屈指可数的巨商大贾，却并没有因为事业成功而养成骄横奢侈的习性。相反，他一直恪守中国传统的诚实待人的做人美德，无论是为商还是为人，均留下了较好的声誉。

商人重利，自古皆然，但重利而轻义则始终为社会所不齿。郑裕彤在商界闯荡了40余年，对金钱的魅力自然是情有独钟，但他从不贪图不义之财，而且在其故友遭受不测之时，他都会慷慨解囊，这在香港亦为人们所津津乐道。

一向与郑裕彤交往甚笃的冯景禧溘然长逝时，其长子冯永祥接掌新鸿基证券行大权后，因经验和信誉不足而面临内外交困的局面，特别是美国最大的证券经纪行美林证券行决意出售其拥有的新鸿基的全部股权，这招一出手无疑给了新当大任的冯永祥以毁灭性打击。在这十分危急的时刻，郑裕彤会同李嘉诚、郭得胜等人向冯永祥伸出了救援之手，他们联袂收购了这些股权，挽危难于既倒，从而使新鸿基证券行再次恢复了生机。从商者的目的只有一个，就是赚钱，但一定要先做好人，才能经好商。

人们常用"商人重利轻别离"来比喻见利忘义。其实在现实生活中，也有许多人为了谋取利益，置基本的道德准则于不顾，做出了许多令人愤恨的事情。在人际交往过程中，有一个很大的陷阱横在每个人的面前，这就是物质上的诱惑。抵挡得住诱惑的人会广增人脉；抵挡不住诱惑的人，则必然处于众叛亲离的境地。

当前的市场经济社会是一个需要讲秩序、讲信用的社会。公司企业之间的合作，都需要有良好的信誉作保障；要想长期留住消费者，需要诚实经营，以质量取胜，以信誉取胜。若一贯地见利忘义，做一些短视的欺诈行为，那就迟早会被市场抛弃。对于商人来说，凭利润做买卖还是凭良心做买卖，这是一个商德的问题，一个成功的商人，必须具有良好的商业道德。

主观上不要一味地以贫富来衡量交往的贵贱，客观上不要时时处处以钱视人，以物待人。不可否认，丰厚的物质基础，可能给你的交际带来便利的条件，但也可能成为交际的障碍，当然淡化物质前提并不是说对物质一概否定，只不过是讲求一点无私心而已。一毛不拔、小家子气的人也是交不到好朋友的。生活中这样的例子很多：有些人接触伊始，给人的印象很好，但时间长了，人们却渐渐疏远了他；有些人刚相处时，似乎很难交往，但时间长了，人们却逐渐跟他结为好朋友。什么原因？原来他们的人品不同，也就是交朋友的价值观念不同。有些人表面上看非常热情，实际上却十分吝啬，他们帮助别人的目的是想从别人那里捞到更大的好处，这样的人能博得他人的一时好感，却很少有人与之成为患难与共的知己朋友。

见利忘义的人是一些目光短浅的人。君子喻于义，小人喻于利，只有目光短浅的小人才会为了眼前的利益抛弃原则，不择手段。他们把金钱、把现实的利益看得太重，这样一来，必然会因小失大，损失更大的利益。在家靠父母，出门靠朋友，只有真诚相待，交下几个真心的朋友，彼此相互关照，才能在患难之时有人相助。

因此别做见利忘义的人，贫贱移友、富贵移交的后果只会让你失去更多。还要知道，见利忘义的人可以与你同富贵，却不能共患难。

5. 散播"利益的种子",让利益循环

你时刻都要记住,建立人脉关系的四大法则,即互惠、互赖、分享和坚持。经营人脉就是"贩卖"你的感情与信赖感,朋友先是信赖你,才会与你合作。在商场中,互惠互利会让你赚到的钱远胜于你单枪匹马赚来的利润;在人际交往中,互惠互利会让你获得无数成功的机会。

互惠共生是大自然的规律

生物学家普莱斯曾经断言,大自然的物种50%都是寄生生物。也就是说,自然界半数生物都是共生共存的!对于生命体而言,寄生行为本身就是一片安身立命的新天地。也正因此,我们发现寄生之上还有寄生。生态学家约翰·汤普森注意到"正如丰富的社会行为能够促进与其他物种的共生关系,某些共生关系也促成了新型社会行为的进化"。共同进化的真正含义是,共同进化孕育了共同进化。

千百万年后,地球上的生命可能大都具有社会性,随处可见寄生物和共生体;而人类社会也是如此。

在墨西哥东部生长着各类金合欢属灌木和掠夺成性的蚂蚁。多数金合欢长有荆刺和苦味的叶子,以及其他抵御贪婪世界伤害的防护措施。其中一种"巨刺金合欢"学会了如何诱使一种蚂蚁为独占自己而杀死或驱赶其他的掠食者。诱饵渐渐囊括了可供蚂蚁居住的防水的漂亮巨刺、现成的蜜露泉和专为蚂蚁准备的食物——叶尖嫩苞。蚂蚁的利益渐渐与金合欢的利益相融合。

蚂蚁学会了在刺里安家,日夜为金合欢巡逻放哨,攻击一切贪吃金

合欢的生物，甚至剪除如藤萝、树苗之类可能遮挡住金合欢妈妈的入侵植物。金合欢不再依靠苦味的叶子、尖尖的刺或是其他保护措施，如今它的生存完全依赖于这种金合欢蚂蚁的保护；而蚁群离开金合欢也活不下去。它们的组合可称得上是天作之合。

事实上，生物学家发现自然界几乎所有的共栖同盟在相互依存过程中都存在互惠互利的生存状态，尽管其中一方受惠更多，但是从总体上来说双方都是受益者，因此这种"契约关系"一直奏效。

不仅在生物界，在商海中互惠互利也是成功的基石，合作双赢是企业的取胜之道，否则，必然会造成两败俱伤。与人方便就是与己方便，在竞争中有合作，让别人赚钱、自己也赚钱的双赢理论应该是所有经营者所具有的。双赢策略是任何行业自初级竞争阶段和无序竞争阶段进入完全和垄断竞争阶段的必然产物。

在人际交往中更是如此。互惠互利是人脉的经营与维护的最基本原则。人与人之间的相处如果没有做到"互惠互利"的话，就不可能建立起和谐融洽的人际关系。如果自己从别人那里得到了恩惠，反过来自己也应该给予别人报答，这就是互惠互利的根本精神所在，也是建立良好人际关系的前提条件。

提到互惠互利这个词，一般会让人联想到其带有功利性的色彩。可是，互惠互利并不只是"功"和"利"的象征，也并不是只有在谈到"功"和"利"时才能使用这个词。例如，在工作上得到他人的帮助，在日常生活中得到他人的关爱时，要以某种方式表达感激的心情，这也是互惠互利的一种表达。

你时刻都要记住，建立人脉关系的四大法则，即互惠、互赖、分享和坚持。经营人脉就是"贩卖"你的感情与信赖感，朋友先是信赖你，才会与你合作。可惜的是，大多数人第一步都走错了，想到的是追求自己的私利，结果不言自明。

学会散播"利益的种子"

"天下熙熙，皆为利来；天下攘攘，皆为利往。"中国古代思想家一语道破了人的求利本性。求利之心，人皆有之，唯一区别在于，有的人用合法手段，与对方共利；有的人不择手段，一味追求私利。求利，追求自己合法权益的意愿、动机与用合法手段谋取自己利益的行为结果，都是人之为人的正当权利。我们不能为了追求自己的利益而妨碍或剥夺别人的利益。正是求利之心，联结了你我；正是为了求利，我们遭遇了对手。只有在与对手的合作与竞争中，我们才能求到各自的利益，收到双赢的效果。

中国有句老话叫"己所不欲，勿施于人"、"己所欲之，必先予之"。得到你想要的东西最好的办法是帮助别人得到他们想要的东西，我们的祖先早就知道这个深刻又简单的道理。

申时行是明朝的一位宰相。他的政绩、声望虽难以同历史上的名相相匹敌，但其言行举措也颇得朝野上下的好评。他在告老还乡之后，利用自己做官时所积蓄的银两，在乡里买了不少房产以扩大自己的门户。因他素有贤名，且出价公道，许多邻居都将靠近申府的房产转让给了他。只有一个经营篦子的小商贩，因爱惜自己的门面，拒不搬迁。

这事颇使申府的下人感到恼怒。他们把这个小商贩视为以下犯上、不识抬举的刁民，并且向申时行建议：以宰相的名义借用当地官府的力量，强行以官价将其房产买过来。如不应允，便治以重罪。但申时行却说："这样做不行，我是一个当过宰相的人，怎么能用自己的权势来欺压这些无权无势的乡亲呢？他既然不卖，必有他的道理，我又何必强人所难？等一等吧，等他三年，我自然会有办法让他诚心诚意地将房子卖给我。"

于是双方都不再提这件事。事后，申时行叫下人去小商贩那里买把篦子回来，说是用来梳头。每当有客人造访申府的时候，申时行便拿出这把篦子来，放在手中把玩，并向客人介绍这种篦子的好处。说到紧要处，还不时地赞叹一番。客人见此，也颇想买一把试试。在乡里，申公是首屈一指的名流，来访者既多，仰慕效仿的也不少。经他这一宣传，买篦子的人多了起来。平常看来不起眼的篦子一时成了紧俏货，供不应求。那位小商贩因此而起死回生，制作出来的篦子，数量越来越多，手艺也越来越精巧。门前的生意，顿成兴旺发达之势。

生意做大了，原来那间低矮简陋的房子也显得越来越不够用。于是，小商贩也开始着急了，硬着头皮跑到申府，请求申时行购买他的房子，并对申老先生的义务宣传表示深深的谢意。申时行掐指一算，时间还不足三年，于是微笑着答应了小商贩的要求。

这个小小的事例向我们昭示了一个不应忽视的原则，即人与人之间的交往活动必须以互惠互利为前提。在商业交往中，这也是一个重要的原则，因为商业活动并不只是做做表面文章，它的最终目的终究离不开物质利益关系。只有把这一层物质利益关系处理好，才能谈得上更高的要求。

经营以德，生意兴隆；经营悖德，咎由自取，这已被无数经营者成败的事实所证明。其中成功的原因，恰好可以用"世界拉链大王"、日本吉田工业公司总裁吉田忠雄的一句话解释："如果我们散播利益的种子，给别人以利益，利益会循环归还给我们。利益在我们之间不停地循环运转，使他人得到利益。"

这种"利益循环"的经营哲学，不正是我们常说的"我为人人，人人为我"吗？

利益从来都是相互的

对于一个社会组织而言，当然应该追求自身利益的最大化，但很多组织在这一过程中却发生了迷失。有的为求得一时之利，却失去更多，有的甚至什么也没得到。造成这种现象的根本原因就在于：利益从来都是相互的，从来没有一厢情愿的利益。人际交往中人们常说：与人方便就是与己方便。对经营人脉而言，更是如此。只有在互惠互利的情况下，才能真正达到自身利益的最大化。

若想让人脉资源发挥出最大的价值，恰恰在于你是否能够做到互惠互利，来实现双方利益的最大化。要知道，只有互惠互利才会让你的利益达到最大化。

苹果和微软两家公司，总是祸福相倚，它们都曾经在部分领域超越过彼此，同样也在一段时间后被对方超越，它们是科技界永无休止的欢喜冤家，它们都拥有伟大的创始人与精神领袖，尽管盖茨与乔布斯私下并没有太多的仇恨，但并不影响两家公司你来我往的商业竞争。

苹果和微软都是因为个人电脑的兴起而获得的巨大成功，1975年世界上第一台个人计算机Altair横空出世，而在1976年由乔布斯和沃兹所共同创立的苹果公司就推出了Apple I，这是一款未被大量销售的试水产品。在1977年苹果获得了第一笔金额为92000美元的投资，推出的Apple II的销量高达数百万台，苹果后续还推出了Apple II的多个衍生型号。这是苹果公司真正意义上第一款畅销产品，可以说苹果电脑在某种程度上成就了广义上的 PC 市场。而微软的成功，恰恰是比尔·盖茨用 IBM 的 PC 产品走向世界的，可以说 IBM 在 PC 领域的巨大成功成就了微软，它成为 PC 操作系统事实标准的缔造者。

尽管苹果公司后续推出了多款产品，但是都由于多种复杂原因未获得彻底成功，微软推出了新的 Windows 操作系统，这是当时继苹果之后的第二款拥有 UI 界面的系统，这让微软走上巅峰之路。此外，微软还在企业办公、互动娱乐等多个领域占据了至关重要的位置，微软成为了世界上最大的软件公司，盖茨多次登上世界首富的宝座。

但是故事还没完，伴随着乔布斯这位苹果的灵魂人物的回归，苹果发布了 iBook、Mac mini、Mac OS X 等一系列产品，公正地说在当时这些并不算广义上的畅销产品，但至少让苹果公司走出了低迷阶段。真正的爆发是苹果在 2000 年推出了一款数字音乐播放器 iPod，它一举成为世界上最畅销的数字音乐播放器，配合苹果自己的 iTunes 音乐商店，这一产品的多个后续机型都获得了消费者的广泛欢迎，2007 年苹果宣布售出第一亿部 iPod。

而更大的惊喜是苹果在 2007 年推出的手机 iPhone，在这之前大家都对苹果手机嗤之以鼻，要知道苹果之前只是一个 PC 厂商，大不了还是一个制造 MP3 播放器的厂商。但是手机市场摩托罗拉、诺基亚、三星等传统厂商已经经营多年，很难让人相信苹果能在这一市场有太大的作为。但是苹果做到了，iPhone 现在已经成为被全球追捧的数码新宠，每一次新产品发布都吸引了来自全球各地的目光。iPhone 的成功给苹果带来了大量周边产品，其中包括最成功的应用程序商店 App Store，还包括现在最流行的平板电脑 iPad，它们都共同运行苹果专门为移动设备开发的 iOS 操作系统。产品广受欢迎，让苹果重回了世界顶端。

微软与苹果的恩怨，分分合合、成败得失实在是难以理清，但它们的产品多年来一直备受欢迎。它们不仅是竞争者，也是伙伴，为什么呢？因为微软也生产用于苹果的麦金托什电脑上的文书处理和试算表软件。没有微软公司的软件，较少有人愿意购买苹果公司的麦金托什电脑；但如果没有苹果公司的麦金托什电脑，微软公司也将损失部分利润丰厚的应用软件市场。这两家公司的关系是竞合关系——某个领域内合作，某个领域内竞争。如果微软公司和苹果公司都视对方为死敌，这样的关系便无法存在。只有双方都抛弃狭隘的心态，不再沉溺在毁灭竞争者的念头里，进行动机良好的竞争，甚至与竞争者合作以炒热市场，大家才能获得更丰厚的利润。

无论是苹果公司，还是微软公司，它们都知道经商的最终目的在于不断地壮大自己，但绝不能只求发展自己而不顾别人，尤其是在势均力敌、旗鼓相当的情况下，如果定要分出高下，只会造成两败俱伤的结局。换种姿态，共享利益才是明智之举，在互惠互利中你捞到的钱远胜过你单枪匹马赚来的利润，同舟共济、强强联手必然所向无敌。

经营人脉也是如此，虽然最终目的在于发展自己，但是纯粹不顾别人的自我发展是不可能的，正如人具有社会性而必然会受到周围人群和社会变化的影响一样。社会生活是个大舞台，颇像莎士比亚描写过的那种情景一般："所有的男女都在这儿扮演角色。"每个人都有他们各自登场表演的入场券，他们结成一支互为影响的群体，汇成一股人流，摩肩接踵地在众目睽睽下表演着。现实生活中，我们往往根据自己的意图来评价自身，但可悲的是他人并非如此，他人总是以你的行为来评价你。因此，与人相处必须态度诚恳，以真诚的心长远维持关系，而且必须要考虑双方互惠的原则。

6. 患得患失，必有所失

斤斤计较的人的结局大多荒唐可笑，锱铢必较的人大多是功利心强的人，因此没有结交的价值。锱铢必较者表面比谁都精明，事实上却是精明而不高明。他们对一切事物斤斤计较，几乎是病态的神经过敏，反而使自己变得可笑。你绝不可成为这样的人，应舍一时之小得，以便获得更长久的美誉。

纠缠小事永远被小事所拖累

锱铢必较者表面上比谁都精明，事实上却是精明而不高明，从长远利益看，他们必然是得不偿失。这种人目光短浅，急功近利，只见树木，不见森林，捡了芝麻，丢了西瓜。从政者不知韬光养晦，必然欲速则不达；经商者，看重短期行为，今日有钱今日赚，赚得到小钱却无法开拓长远的市场；为学者，急于出名当学术领头羊，心浮气躁，难成大气候。由此可见，患得患失、锱铢必较的人都是功利心强的人。

在生活中，这样的人并不少见，很显然，这些人陷入了一个社会生活的误区，这就是患得患失，锱铢必较。从社会交往的角度看，这也是很多人在人际关系中人脉不广，陷入孤独和无助的重要原因。

锁阳是河西走廊瓜州地区生长的一种植物，棕褐色，表面粗糙，形似棒槌。锁阳是戈壁滩的特产，是名贵的中药，具有悠久的历史，自秦朝就已经有文字记载，距今已经有2300多年的历史。锁阳寄生于一种叫白刺的植物根上，每年五、六月份破土长出地面，七、八月份开始成熟。然后，同株的雄性和雌性部分开始授粉、结果实。锁阳的种子极小，只能用显微镜才能看到，它们被严严实实地包裹在锁阳的头部里面。但是，锁阳的头部布满了鳞甲，非常坚固，微小的锁阳种子根本无法破壳而出，给它的再生繁殖设置了不可逾越的障碍。

然而，天无绝人之路。此时，从锁阳根部生出的一种小虫子解决了这个问题。这种虫子叫锁阳虫，它们不是从外面攻破堡垒的，而是从锁阳的里面。它们从锁阳的底部开始吃锁阳肉，一直吃到头部，里面形成了空洞的通道，脱落的锁阳种子沿着通道从头部落到底部，再来到白刺的根部，寄存下来，吸收白刺的养分，开始新一轮的生长周期，依次繁衍不绝。

锁阳只是损失了一点肉身，却延续了千年不绝的繁衍和生存，这是一笔合算的买卖。所以，在人际交往过程中，不要计较一时一地的得失，只有长远打算才是最值得考虑的事情。这方面楚庄王可谓其中的典范，《东周列国志》中脍炙人口的"绝缨宴"的故事，便是一个真实的故事。

楚庄王在平定了斗越椒的反叛之后，设宴招待群臣，名曰"太平宴"。这天，楚国的文武百官俱来赴宴，一直喝到日落西山，兴尚未已。庄王命掌灯继续欢饮。当大家带几分醉意的时候，庄王把他最宠爱的许姬叫出来为大家敬酒。突然，一阵风吹灭了堂烛。席上一人见许姬美貌异常，趁黑灯瞎火之际，暗中扯她的衣裙，拉她的手。许姬倒也厉害，她左手绝袂，右手顺势将那人的帽缨揪了下来。许姬取缨在手，趋步走到庄王跟前，附耳奏道："妾奉大王命敬百官酒，其中一人无礼，乘烛灭，强拉妾袖。妾已揽其缨在手，大王快命人点烛，看看是哪个小子干的！"庄王听罢，急命掌灯者："切莫点烛！寡人今日要与诸卿开怀畅饮，大家统统绝缨摘帽，喝个痛快。"当莫名其妙的文武百官皆去缨之后，庄王才命令点烛掌灯，于是，那个调戏许姬的人便被掩遮过去了。

散席之后，许姬不解地问庄王："男女之间有严格的界限，况且我是大王您的人。您让我给诸臣敬酒，是对他们的恩宠。有人竟敢当着您的面调戏我，这是对您的侮辱，您不但不管不问，反而替那小子打掩护，这怎么能肃上下之礼，正男女之别呢？"庄王笑着说："这你妇人家就不懂了。你想想，今天是请百官来饮酒，大家从白天喝到晚上，大多带几分醉意。酒醉出现狂态，不足为奇。我如果按你说的把那个人查出来，显了你的贞洁却冷了大家的场。让群臣不欢而散，那可不是我举办这个宴会的目的。"许姬听了庄王的一番道理，十分佩服。从此，后人把这个宴会叫做"绝缨宴"。

楚庄王这一招，收到了绝好的效果。两年后，楚师伐郑，前部主帅襄老的副将唐狡，自告奋勇率百余人充当先锋，为大军开路。唐狡力战，攻无不克，战无不胜，使楚军进展顺利。庄王嘉奖襄老，襄老说，这都是副将唐狡的功劳。庄王要厚赏唐狡，唐狡不好意思地说："我怎么还敢讨赏呢？'绝缨宴'上牵美人手的罪犯就是我呀！蒙大王昔日不杀之恩，今日才舍命相报。"楚庄王感叹：如果当初明烛治他的罪，今天怎么会有人拼死抗敌啊！

调戏君主的宠姬，无疑是对君主的羞辱。这在奴隶社会和封建社会，属于大逆不道行为。谁要犯了这方面的罪过，是在劫难逃的。楚庄王能够原谅他属下的不轨，还想方设法地替他遮掩，确实是有胸怀和肚量的。

如果要是一般的国君，那位越轨者就会受到重重的惩罚，不是被杀就是被处以其他刑法。但楚庄王做法与众不同，他对调戏自己美妾的不法之徒，不但不加严办，反而想方设法为其掩饰，这应该说是他的过人之处。其一，这是庆功宴会，大家都在高高兴兴地欢庆胜利，这也是君臣之间联络感情、加深感情的极好场合，楚庄王不愿意因一件小事而破坏热烈和谐的气氛；其二，酒后失态是常有的事，如果因此而惩罚一位将领，就会使部下产生一种"不爱江山爱美人"的感觉，部下寒心，而君臣失和的局面就不远了，这样不利于他今后对外谋略的实现；其三，既保住自己的面子，也保住那位越轨将军的面子，笼络了他的感情，可能产生"滴水之恩，当涌泉相报"的效应。

"水至清则无鱼，人至察则无徒"，太认真了，就会对什么都看不惯，连一个朋友都容不下，把自己同社会隔绝开。镜子很平，但在高倍放大镜下，就变成凹凸不平的山峦；肉眼看很干净的东西，拿到显微镜下，满目都是细菌。试想，如果我们"戴"着放大镜、显微镜生活，恐怕连饭都不敢吃了。

人非圣贤，孰能无过。与人相处就要互相谅解，经常以"难得糊涂"自勉，求大同存小异，有肚量，能容人，你就会有许多朋友，左右逢源，诸事遂愿；相反，"明察秋毫"，眼里不揉半粒沙子，过分挑剔，什么鸡毛蒜皮的小事都要论个是非曲直，容不得人，人家就会躲你老远的，最后，你只能关起门来"称孤道寡"，成为使人避之唯恐不及的异己之徒。

古今中外，凡是能成大事的人都具有一种优秀的品质，那就是能容人所不能容，忍人所不能忍，团结大多数人。他们极有胸怀，豁达而不拘小节，大处着眼而不会目光短浅，从不斤斤计较，纠缠于琐事，所以他们才能成大事、立大业，使自己成为不平凡的大人物。

宽容是一种需要学习的能力

要真正做到不较真、能容人，并不是一件简单的事，这需要有良好的修养，需要善解人意，需要从对方的角度设身处地思考和处理问题，多一些体谅和理解，就会多一些宽容，多一些和谐。

《大英百科全书》这样定义"宽容"：容许他人有判断和行为的自由，对不同于自己或传统观点的见解能够耐心公正地予以容忍。实际上，宽容不仅是一种品性，也是一种能力。宽容需要学习，需要磨砺，需要一点一点的培养。简单地讲，宽容是人际交往过程中必不可少的，更是你拓展人脉的利器。"退一步海阔天空"，这是宽容的体现。面对任何事，都要学会宽容地看待一切。这样，所有的事情都会简单起来，你会发现原来生活是可以更加美丽的。就算对别人的过错，也需要学会宽容。

宽容的好处不仅于此，它能使伤害你的人感到无地自容，激起他灵魂的真正觉悟，同时，又停止了你敬我回的恶性循环。更为难得的是宽容带来了心理上的平静，赢得了宝贵的时间，把精力和时间投入到事业中去。

中国最具影响力的商界领袖任正非以11亿美元财富首次进入福布斯富豪榜，他说："宽容是领导者的成功之道！任何工作无非都是同物或人打交道……一个研发技术工程师性格怪僻，但他只是一个人在实验室或相对狭隘的范围里工作，那么不宽容无伤大雅。一个车间里的员工与他人合不来不妨碍他施展技艺制造出精美的产品。但是，任何管理者，都必须同人打交道。有人把管理定义为通过别人做好工作的技能。一旦同人打交道，宽容的重要性立即就会显示出来。人与人的差异是客观存在的，所谓宽容，本质就是容忍人与人之间的差异。不同性格、不同特长、不同偏好的人能凝聚在组织目标和愿景的旗帜下，靠的就是管理者的宽容。"

只有宽容才会团结大多数人与你一齐认知方向，只有妥协才会使坚定不移的正确方向减少对抗，只有如此才能达到你的目的。天下没有哪位主管敢说自己是完美的，既然自己并不完美，凭什么以完美要求于自己的属下呢？所以安德鲁·马修斯在《宽容之心》中才说："一只脚踩扁了紫罗兰，它却把香味留在那脚跟上，这就是宽恕。"古人曰："宽以济猛，猛以济宽，宽猛相济"、"治国之道，在于猛宽得中"。领导宽容，就可以使近者悦远者来，天下归心。领导的目的是形成人们的遵从和追随，而只有自觉地遵从给追随者机会和空间才是领导成功的保证，所以，老板的"宽容"能力就是一种领导者的影响能力，这种因宽容而形成的"宽容领导力"就成为老板领导力成功的基础所在！

同样，在人际交往过程中，一个人只有具备较高的责任感、道德感，有崇高的理想和远大的追求，才能尽可能摆脱消极狭隘的锱铢必较的报复心理。而要培养宽容的心性是很不容易的，需要经过长期的磨炼与学习。如果我们明确了哪些事情可以不认真，可以敷衍了事，我们就能腾出时间和精力，全力以赴地去做该做的事，我们成功的机会和希望就会大大增加；与此同时，由于我们变得宽宏大量，人们就会乐于同我们交往，我们的朋友就会越来越多，人脉也就会越来越广。

在社会交往中，患得患失者总是把自己的名利放在他人之上，时时盘算的是一己之私利，长此以往，必然会失去周围人群的信任，使自己在社会交往中处于十分孤独和被动的位置，难以获得真诚的友谊和情意。人与人相处，贵在以诚相待，有难同当，有福同享，至少也要不损害他人的利益，这样才能加深感情，发展友谊，拓展人脉，这对于一个精于计较的人来说，并不是一件容易的事。因为，他把自己做的任何事情，都视为一种投资行为，时时向他人索取回报，这是与友情的真谛背道而驰的。接人待物、为人处世从长远着眼，多从大处着想，不拘泥于一时一地之得失，结果就会完全两样。

历史上，大凡能成就一番事业的雄略之主，一般都具有容人之量，能不念旧恶，招揽部下之心。春秋时期的首霸齐桓公，刚即位时不计管仲一箭之仇，毅然接受鲍叔牙的推荐，重用管仲；东汉末年的曹操在破袁绍之后，得到袁绍机密信件若干，其中许多是曹操手下将士写给袁绍的效忠信，曹操不看不查，令人全部烧掉；袁绍进攻曹操时，令陈琳写了篇檄文。陈琳才思敏捷，斐然成章，在檄文中，不但把曹操本人臭骂一顿，而且骂到曹操的父亲、祖父的头上。曹操当时很恼怒，气得全身冒火。不久，袁绍兵败，陈琳也落到了曹操的手里。一般人认为，曹操可以一解心头之恨了。然而，曹操并没有这样做。他非常欣赏陈琳的才华，不但没有杀他，反而尽弃前嫌，委以重任。这使陈琳很感动，后来为曹操出了不少好主意。唐太宗李世民在夺得政权之后，不计前怨，重用以前的政敌魏征，把他提拔为宰相，视为明镜。可以推断，管仲权倾朝野，对齐桓公岂能不殚精竭虑，肝脑涂地？曹操部下那些"脚踏两只船"，做了亏心事的人，岂能不感到内疚而效力尽忠，将功补过？魏征得遇明主，岂能不尽心尽职，为"贞观之治"贡献聪明才智？同样，楚庄王能顺利平定内乱，复取旧业，成为春秋"五霸"之一，与他的宽宏大量，善于笼络部属不无关系。

总之，你要注重个性中良好性格的陶冶，高尚情趣的培养，全面能力的锻炼，这可以使你心胸开阔，从而能宽容对方，对己苛求。同时，要让崇高的理想、事业、道德压抑自己低下的私欲，这样便可以抵制劣性逆转的动因。

对交际的对方全面、深刻的认识，对对方一时造成的劣性刺激所产生的原因、环境与事件的公正分析，可以防止"一叶障目，不见泰山"的偏见，可防止或削弱劣性逆转。宋朝的寇准与张咏是朋友，可是张咏敢于对同僚说身为宰相的寇准是"虽有奇才，但学术不足"。寇准知道朋友的人品和个性，深知他说话的用意，不仅没怪罪他，反而盛情款待了他。

斤斤计较的人的结局通常都是荒唐可笑的，因为他们对待一切事物都小题大做。他们把事情看得太认真，过分夸大了所受的伤害或侮辱，他们对小事如此过敏，以为别人是故意针对他们，反而使自己变得可笑，这必然有损于其人脉的拓展。

7. 增强影响力的秘诀在于倾听，而不是表达

几乎所有的人都希望自己在别人心中有着不可替代的地位，人人都需要获得这种满足感，而你可以不费吹灰之力便轻易地满足别人所需，从而使人群不断地向你聚拢，当你发现自己被人簇拥时，你会觉得这完全是倾听技巧的威力。增加人脉的秘诀之一，不在于你表达了多少，而在于你聆听了多少。聆听就是用你的双耳去征服他人，这是一个使众人无怨无悔地接受你意见和建议的绝佳主意。

多言取厌，虚言取薄，轻言取侮

一个冷静的倾听者，不但到处受人欢迎，具有旺盛的人脉，且会逐渐知道许多事情。而一个喋喋不休者，就像一只漏水的船，每一个搭客都要赶快逃离它。同时，多说招怨，瞎说惹祸。正所谓言多必失，多言必败。只有沉默，才不至于被出卖。

言语是卑贱的东西，一个说话极随便的人，一定没有责任心。话多不如话少，话少不如话好，多言不如多知，即使千言万语，也不及一件事实留下的印象那么深刻。多言是虚浮的象征，因为口头慷慨的人，行动一定吝啬。有道德的人，绝不泛言，有信义者，必不多言，有才谋者，不会多言。多言取厌，虚言取薄，轻言取侮，而保持适当的缄默，

别人将以为你是一位哲学家。

爱德华·博克小时候是一个穷困的荷兰移民男孩儿,每天放学后为一个面包师刷窗户以挣钱养家糊口。他家里很穷,除了刷窗户之外他每天还拎着一只篮子上街,到贫民区去捡煤车送煤时撒在地上的碎煤。他一生中只上过不到六年学,然而最终他却使自己成为美国新闻史上最成功的杂志编辑之一。他是怎样做到这一点的呢?

他13岁的时候离开学校,成为西部联合电报公司的一名办公室勤杂工,但他一时一刻也没有放弃受教育的念头。他开始自学。他把车费省下来,并且不吃午饭,直到他攒到足够的钱买一套美国名人传记百科全书,然后又干了一件闻所未闻的事情。他读完名人的传记之后,就给这些大人物写信询问一些关于他们童年的额外材料。他是个优秀的倾听者。他请这些大人物告诉他更多的关于他们自己的事情。他写信给正在竞选总统的詹姆斯·加菲尔德将军,询问他是不是真的当过运河上的拉纤工,加菲尔德回信详答。他写信给格兰特将军,打听一次战役的情形,格兰特为他画了一张地图并且邀请这个还不到15岁的男孩子吃午饭,花了一个晚上同他交谈。

没过多久,西部联合电报公司的这个小信差就同这个国家的许多名人都通起信来:拉尔夫·沃尔多·爱默生、奥利弗·温德尔·霍尔姆斯、朗费罗、亚伯拉罕·林肯夫人、路易莎·梅·爱尔科特、谢尔曼将军和杰弗逊·戴维斯等等。他不仅同这些名人通信,而且一有假期就去他们之中许多人的府上拜访,成为一个备受欢迎的客人。这种经历使他充满了一种无比珍贵的自信心。这些成功的男人和女人开拓了他的眼界,激起了他心中的远大志向,并最终营造了他想要的生活。

爱德华·博克所获得的这一切,都是依靠运用倾听法则而达成的。

伊萨克·马克森是一个采访了数以百计名流的新闻记者，宣称许多人之所以没能给别人留下好印象，是因为他们没有聚精会神地倾听。他说："这些人一心想着自己再往下打算说什么，根本没有竖起耳朵，许多重要人士告诉我，他们宁愿要好的听众而不要好的说客，但是倾听的本事似乎比几乎其他任何能力都罕见。"

不仅重要人士热切需要一个好的听众，凡夫俗子也是如此。正如曾经有人说过的那样："许多人去看大夫，其实他们只不过想找一个听众罢了。"

我们说话时一定要适量，无把握的事不要乱开口，尤其当有陌生人比我们有经验或者有更多了解的人在座时，因为我们多说了，便是不打自招，揭露了自己的弱点及显露出愚蠢，并失去了一个获得智慧及经验的机会。

一个人说得少而且说得好，便可视为绅士。因此，在我们的人生中，有两种训练是不可少的，那就是沉默与优美而文雅的谈吐。如果我们没有机智地谈吐，又不会适时沉默，是很大的缺憾，是不幸的。我们常因说得太多而后悔，所以，当你对某事没有深刻了解的时候，最好还是保持沉默吧！

善于聆听的人，人脉最旺

上天赋予我们一根舌头，却赐给我们两只耳朵，所以我们从别人那儿听到的话，可能比我们说出的话多两倍。希腊圣哲这句话的用意，就是告诉我们要多听少说。斯通·雷文曾经是戴尔·卡耐基教育机构的总裁，他确信：增强影响力的秘诀，不在表达，而在聆听。他大胆地指出："善于聆听的人，说服力最强，人脉也最旺。"

在人类所有的行为中，高明的倾听态度，最能够使人觉得受到重视及肯定自己的价值。而专心听别人说话，可以使他们感觉很舒服、自在和备受尊重。

不善于听他人说话的人，将会发现愿意向他们提供有用消息的人并不多。就如同在四五世纪时，把《圣经》翻译成拉丁文的学者杰瑞明所说："没有人喜欢向不感兴趣的对象倾谈。"所以善于聆听他人说话的人，则会让对方觉得比较容易倾诉心声，因为他们表达出听的兴趣。

几乎所有的人都希望自己在别人心中有着不可替代的地位，人人都需要获得这种满足感；而你不费吹灰之力便可以轻易地满足他们这种小小的要求，从而使人群不断地向你聚拢，当你发现自己被人簇拥时，你会觉得这完全是倾听技巧的威力。

我们时常忽略倾听这条策略，其实聆听的艺术可以靠自我训练及有恒心的练习来获得。发现自己无法专心听他人说话时，则可能是受到下列因素的影响：

偏见　这类情形常出现在讲者说话之前或说话过程时，自己就已经下了结论，认为对方说的话一点儿也不重要而不想再听了。造成偏见的原因很多，这和说话的人的外表、年龄、举止、声音、种族、宗教及国籍等，都可能有关联。每个人多少都带有一些偏见，要根除它们的确不是件易事，更何况绝大部分的偏见都十分情绪化，往往连自身也难以察觉。能够克服这些偏见当然很好，可是若能在克服这些偏见的同时，还能进一步超脱，甚至即使有自身利益牵涉其中，也能秉公处理，就更不容易了。

革除偏见的做法，包括控制自己的思想以及迫使自己注意吸收对方谈话的精华。譬如说，迷路时向他人问方向，不要因为对方的穿着是工作服而非西装革履，就怀疑对方说话的可信度，或是不注意听；毕竟自己想要得到的只是方向资料，用不着对他人作任何价值判断。若是发现自己会因为个人偏见，而忽略听谈话的内容时，千万别忘了随时提醒自己并牢牢记住：与他人交谈的原始目的是什么。

轻下结论 一般人往往认为讲者说得太难、太陈腐、太无聊，或是不合实际需要，而不用心听。他们的心早就不在了，却仍然装着一副聚精会神在听的样子。碰到这种情况时，你还是应该想办法强迫自己把注意力放回讲者的身上，试图从对方的谈话中，找出对自己有用的资料或想法，并且不妨把这些当成一种对自我的考验。

如果对方说话的内容真的太无聊或是陈腐，可以试着问对方一些问题，刺激出一些比较有趣的答案，脑力激荡一番。如果是内容本身太艰涩的关系，不妨请讲者尽量简单解释，至于说话的技巧，可以这么试试看："您是这方面的专家，而我却不是，所以是否能用比较简单的方式来解释呢？"另外有问题不清楚时，也要有不耻下问的态度。如此一来，讲者非但不会不高兴，反而会十分乐意解答疑问。

预作假设 有些人习惯假设已经知道对方想说什么，因而无法集中注意力。如此一来，就容易漏听对方谈话中有用的新信息。如果发现自己出现这类情况时，不妨借此考验一下自己，是否能从对方的谈话中找出些新意。

注意力不集中 如果有些人自恃一分钟可以达到125个字的说话速度，以及一分钟想出400个字的本领，可能就认为反正还有很多时间，就会把省下的时间拿来构思稍后自己要说的话，结果反而漏听了对方重要的谈话内容。解决这个问题的最好办法，就是不如善用这些时间仔细想想对方所说的话，等到轮到自己发言时再整理思绪也不迟。

选择性倾听 一般人往往只听自己想听的话。要解决这个问题，不妨花时间耐心听完对方的话后，研究一下该如何处理与自己意见不合的地方，是否有必要调整自己的立场，还是应该按照新获得的信息重新制定新策略。

说得太多　如果自己只忙着高谈阔论，不给他人发言机会，自然也听不到对方究竟说了什么。所以谈话时，注意自己与他人说话的比例，也保持适当的警觉，让对方有机会开口。

缺乏同情心　好的听众会试着从对方的观点看事情，如果只坚持自己的看法，听话时就会遗漏重要的内容，包括对方对事物的观点，毕竟这也是谈话中十分重要的一部分。

担心害怕　如果一个人怀疑对方将要说出的内容，可能对自己不利，往往会产生担心与害怕的心态，结果就听不下去，想插嘴辩解为自己脱身。美国革命时期，一位脾气火暴的爱国分子帕瑞克·亨利说过的一句话，至今尚足以为鉴，他说："即使对方说的话令我火冒三丈，但是只要说的是真话，内容再糟也应该听，因为我对自己也会作出同样的要求。"

学会倾听

学会真心倾听可以使你脱胎换骨，也可大大改善人际关系，因为若你想让任何人对你怀有敬意和好感，你要让别人说话，更要注意听别人说话，这不仅是一种得人敬仰的简易方法，而且还是一种使得别人吐露心声的有效良策。

在南北战争最黑暗时期，林肯给伊利诺伊州斯普林菲尔德的一个老朋友写了封信，请他到华盛顿来一趟。林肯说他有一些问题想同他讨论一下。这位老朋友来到白宫后，林肯同他谈了好几个小时关于颁布一份解放奴隶宣言是否是件明智的事。林肯阐述了对于这一举动的一切赞成和反对的意见，然后读了一些信件和报纸上的文章给他听，其中有些抨击他不解放黑奴，另一些则出于担心他打算解放黑奴而指责他。谈了几个小时之后，林肯同他的老朋友握手道了晚安，甚至连他的意见都没问就把他送回伊利诺伊。林肯从始至终都在自己讲话。这种做法似乎理清了他的思绪，在那次谈话之后他似乎感觉轻松许多。

其实，林肯并不想要别人的建议。他只想要一个友善的、充满同情心的听众，使他可以当着他的面畅所欲言，一吐为快。这正是我们在碰到麻烦事的时候所想做的一切。这正是一切被激怒的顾客所想要做的，心里不如意的雇员和受到伤害的朋友也是如此。

如果你想要知道如何使人们对你避之唯恐不远，或者在你背后说三道四，甚至对你厌恶至极，这儿有一个妙方：绝不要长时间倾听别人说话，并且没完没了地谈你自己。如果当别人正在讲话的时候你突然产生了一个念头的话，并且别等他或她讲完：马上在句子中间就打断别人，只管说你的就是。你认识这样的人吗？也许很不幸，更令人吃惊的是他们之中有些居然是赫赫名流。如果你热切希望成为一个善于交谈的人，那么首先就做一个聚精会神的听众吧！

不用耳朵，而是用心"听"

著名心理学家约翰·迪金森曾说："一个真正的倾听者，不仅用耳朵去听内容，更会用心去'听'情感。"正确的倾听态度是达到最佳倾听效果的前提。在管理领域，作为一个优秀的领导者，首先应该是一位出色的倾听者，善于倾听，才有人乐于向你倾诉，试想一位不善于倾听的领导，下属刚一开口，就被一句话给顶了回来，或是听也听了，就是不起作用，甚至加以批评和指责。没有引导鼓励的话语，没有好的思路的指引，没有听见好建议，久而久之，有哪个会没事找事呢？有话也都闷在肚里。反正说了，领导也不听，不了解下属，怎能领导部下呢，又怎能做好工作？可见，学会倾听，善于倾听，对领导至关重要。

学会倾听是加强人与人之间的沟通，促进形成良好的人际关系的有效途径。作为讲话者，通过倾听人们的意见和建议，使讲话者的话更有说服力；听者，通过与讲话者沟通把自己的看法表达出来，使讲话者得到更多的启示，丰富自己的思想内涵和处世修养。学会倾听，寻求好的建议，进行科学的决策，不仅需要一定的"水平"，还需要充分了解事情的全过程，再高超的医术，也不能"望一眼"而对症下药。要充分了解事情的经过，自然从开始就要认真倾听，如果未仔的细倾听，那最后会显得很没有水平。其实，学会倾听，最主要的原因还是那句话：倾听下属心声，提供良好的建议，是一个领导者必须具备的能力和应尽到的责任。

人们都希望自己说话有人听，自己的观点有人赞同，自己的意志有人执行。作为讲话者往往在各种场合中，强调自己讲的问题有多重要，有多大分量，总是以自我为核心，站在自己的立场上来讲事情，谈问题，提要求，殊不知，这容易造成人们的逆反心理，形成抵触情绪，出现事倍功半的效果。

善于倾听，为下属"解惑"，把握下属心态。要关心下属，要站在下属的角度想问题，不能以自我为中心，不妄加评论，不能无视别人的心情。领导就是影响别人行为的人，善于倾听，真心真意想了解别人的困惑，并想帮助其解决。这样会使下属更轻松、更出色地完成工作，会使你的下属对你尊重敬佩和信任，会使你带领的团队更具有向心力，会使你和你所带领的团队共同从优秀走向卓越！

在人与人的交往中，倾诉是表达自己，倾听是了解别人，达到心灵共鸣。在人与人的沟通中，除了倾诉，我们还应该学会倾听。当一个人高兴的时候,我们要学会倾听。倾听快乐的理由,分享快乐的心情。当一个人悲伤的时候,我们要学会倾听。倾听痛苦的缘由,失意原因,理解倾诉者内心的苦处,表示出怜悯同情之心,淡化悲伤,化解痛苦。当一个人处于工作矛盾、家庭矛盾或邻里矛盾时,倾听矛盾的症结,帮助分析,为其分忧解难……

倾听具有广泛性,快乐的时候、痛苦的时候、幸福的时候,都需要倾听。学会倾听,能修身养性,陶冶性情;学会倾听,能博采众长,能使人开拓思维,萌发灵感;学会倾听,能养成尊重他人的习惯,化解矛盾,创造一个和谐的人际关系。学会倾听,是一种爱心,是关怀,是体贴,必将赢得亲情、爱情和友情。

学会倾听就是学会一种美德,一种修养,一种气度。我们不能无休止吵闹,无休止争执;不能永远自以为是地"听我讲",要坚持经常地"听大家说"。这是对讲话者自己尊严的维护,也是对听者的尊重。

"造物主"给了我们两只耳朵,而只有一张嘴。学会倾听,实际上已经踏上进步的阶梯。

8. 大庭广众赞美他人,错误留在暗处

在大庭广众之下表扬一个人,会使其因受到肯定和重视而表现得更出色,并心甘情愿地为你服务;如果反过来,不仅无益于当事人改过,还会招其厌恶,使你四面受敌。你要永远记住:错误是丑陋的,没有人喜欢将它暴露在大庭广众之下;赞美则是尊贵的,喜欢被多数人看见。

当众侮辱别人是交际中大忌

谁都不愿把自己的错误或隐私在公众面前"曝光",一旦被曝光,

就会感到难堪和恼怒。所以在为人处世中，要想提高你的人脉，深受别人的欢迎，你应时刻遵循"扬善于公堂，规过于暗室"的法则。这一法则不仅能使你获得对方的好感，而且也有利于树立你美好的形象。

暗示是交际中常用的一种技巧，是一种信号化的刺激，是表示不公开地隐蔽地给人以启示。从心理学角度来看，暗示是在无对抗的条件下用含蓄、间接的方法对人的心理和行为产生影响。这种影响表现为使人按一定的方式去行动或接受一定的意见，它是一种被主观意愿肯定了的假设，不一定有根据，但由于主观上已肯定了它的存在，便使人的心理尽力趋向于这项内容。特别是在某种交际场合，因种种原因语意不能明说，但必须要传递的情况下，使用暗示能起到不同凡响的效果。这在企业管理领域中有着极其重要的意义。

身为管理者，一定要掌握批评的艺术，当面指责下级的错误，往往只会招来对方顽强的抵抗情绪，而巧妙地暗示对方注意自己的错误，则会受到爱戴。

山顶住着一位智者，他胡子雪白，谁也说不清他有多大年纪。男女老少都非常尊敬他，不管谁遇到大事小情，都会来请求他提些忠告。但智者总是笑眯眯地说："我能提些什么忠告呢？"

这天，又有年轻人有事来求他。智者仍然婉言谢绝，但年轻人苦缠不放。智者无奈，他拿来两块窄窄的木条，两撮钉子——一撮螺钉，一撮直钉。另外，他还拿来一个榔头，一把钳子，一个改锥。

他先用锤子往木条上钉直钉，但是木条很硬，他费了很大劲，也钉不进去，即使把钉子砸弯了，也钉不进去。一会儿工夫，好几根钉子都被他砸弯了。

最后，他用钳子夹住钉子，用榔头使劲砸，钉子虽弯弯扭扭地进到木条里面去了，但那根木条也裂成了两半。

智者又拿起螺钉、改锥和锤子，他把钉子往木板上轻轻一砸，然后拿起改锥拧了起来，没费多大力气，螺钉钻进木条里了。

智者指着木条笑笑："忠言不必逆耳，良药不必苦口，人们津津乐道的逆耳忠言，苦口良药，其实都是笨人的笨办法。那么硬碰硬有什么好处呢？说的人生气，听的人上火，最后伤了和气，好心变成了冷漠，友谊变成了仇恨，我活了这么大，只有一条经验，那就是绝对不直接向任何人提忠告。当需要指出别人的错误的时候，我会像螺丝钉一样婉转曲折地表达自己的意见和建议。"

"忠言不必逆耳，良药不必苦口"，在人际交往中，要学会像螺丝钉一样婉转曲折地表达自己的意见和建议。这样，你的人际关系才可能和谐顺畅。

一般人认为，挨批评肯定是一件丢面子的事，因为面子受损，受批评者往往要产生抵触情绪，使批评的效果大打折扣，即批评产生的负效应。聪明的领导者却能够很恰当地把握批评的方法与尺度，使批评达到春风化雨，甜口良药也治病的效果。

其实，许多时候批评的效果往往并不在于言语的尖刻，而在于形式的巧妙，正如一片药加上一层糖衣，不但可以减轻吃药者的痛苦，而且使人很愿意接受。批评也一样，如果我们能在必要的时候给其加上一层"外衣"，也同样可以达到"甜口良药也治病"的目的。

你一定要记住千万不可在公共场合下出言不逊、侮辱别人的人格，这是交际中的重大失误。交际行为是一种社会行为，人们在实施这种行为时，总是带有一定的目标性，通过交际来表达自己的思想和愿望，传递各种各样的信息，并获得各个方面的知识，以增进相互了解。曾经的赫鲁晓夫与艺术家的关系一直比较紧张，主要原因是他痛恨一些艺术家的风格流派，特别是痛恨非现实主义艺术。一次宴会上，他大肆嘲讽非现实主义艺术派的雕塑家涅伊兹韦斯内，这令涅伊兹韦斯内和其他艺术家瞠目结舌。赫鲁晓夫去世以后，赫氏家族请求这位天才雕塑家——涅伊兹韦斯内为赫鲁晓夫雕制墓碑。于是，在林木森森、坟茔累累的莫斯科新圣母公墓中，赫鲁晓夫的墓碑独树一帜，十分醒目：半块墨黑的大理石和半块白色大理石镶成了一个对比鲜明的框架，正中是墓主人的头像，对此人们无不称赞雕塑家的绝妙构思。

在与艺术家们聚餐时，赫鲁晓夫采用一种简单而粗暴的方式来否定非现实主义艺术，不是用缜密的逻辑推理来说服别人，而是滥用一个抽象的、审美趣味很低的比喻来予以丑化，毫无学术争论的气息，有的只是无礼、粗暴和侮辱，给人一种以势压人、强词夺理之感。赫鲁晓夫的所作所为严重地损害了自己的形象，给人一种十分没有教养、粗暴无礼的印象。

另外，作为一个受到社会好评的雕塑家，涅伊兹韦斯内在大庭广众之下受到这样粗暴无礼的对待，其自尊心受到严重的伤害，以致长期精神不振。后来涅伊兹韦斯内自己也说："他当众侮辱我，使我在几年之内心情都很郁闷。"所谓"兔死狐悲，物伤其类"，其他的艺术家看到这一幕心中也会产生阴影，间接地受到伤害。本来应是宾主欢聚一堂，结果使得众多的艺术家怏怏不快，宴会不欢而散，而主人想与艺术家们沟通交流的初衷也就化为乌有了。而这令人不寒而栗的一幕会令艺术家们久久难以忘怀，产生久远的负效应。

当众侮辱别人是交际中大忌，是人际交往的毒瘤。如果有什么意见需要交换，应采取适当的方式，或选一个适当的场合。人是有自尊心的，尤其是在大庭广众之下，每个人都非常在乎社会对他的客观评价。

心理学家曾作过一些实验，发现在电话中，发话者与受话者之间，其声调的大小和稳定程度都成正比，即问话的音调温和，回话的音调也必然温和；问话的音调高昂，回话的音调也必然高昂。而在面对面的交往中，友好的微笑能扑灭对方的怒火，粗暴的吼叫却会激怒一个脾气十分温和的人。所以为人处世若粗暴无礼，不但会激起对方更大的反抗与不满，而且还会使人疏远你，对你畏而远之。

渴望被赞美是人的天性

人类是一种奇怪的动物，不喜欢强者反而喜欢弱者，因为弱者没有竞争力，因此，你想让对方喜欢你，就要设法使自己成为弱者，使对方成为强者。其中最省事的办法就是赞美对方，让对方感到优越，觉得自己重要。

美国著名的心理学家约翰·杜威曾说："做个重要人物的欲望，是人性中最深切的动力。"我们都希望别人能够赞赏我们，希望别人赏识我们的身份，希望得到我们是重要人物的一种感觉。"己所欲，施于人"，对别人赞美必能使别人喜欢你，所以，我们对待同事和朋友，应该做到"诚于嘉许，宽于称道"。

心理学家威廉·詹姆士说："人性中最为根深蒂固的本性是渴望受到赞赏。"请注意，他并没有提到"希望"或"期待"受到赞赏，他说的是"渴望"受到赞赏。这是一种折磨人而又难以抑制的人类渴望，可以说，能够真诚地满足他人这种内心渴望的人寥寥无几，他们尽可以把别人操纵于股掌之中，而且在他死的时候所有的人都会深感惋惜。

历史上不乏某些大名鼎鼎的人物煞费苦心地谋求重要感的有趣例子。比如乔治·华盛顿也想被人称为"美国总统阁下"；哥伦布恳求得到"海军上将和印度总督"的头衔；叶卡捷琳娜二世女皇拒绝拆开没有称她为皇上的来信；林肯夫人则在白宫像一头母老虎一样冲着格兰特夫人吼道："我还没有邀请你，你怎么竟敢在我面前坐着！"

1928 年，许多百万富翁赞助伯德海军上将进行南极远征，他们的协议是南极的冰山将以他们的名字命名；维克托·雨果的热切希望莫过于以他的姓氏重新命名巴黎；就连人中之杰莎士比亚亦竭力想为他的家族弄一个贵族称号，以便为他的大名增添光彩。

一个在英国广为流传的笑话佐证了这点。英国前首相丘吉尔走进英国下院的吸烟室，问身边一位新当选的议员："年轻人，你也许想知道究竟是什么力量使我投身于政治吧？虚荣心，年轻人！是赤裸裸的虚荣心！"正是这个充满虚荣心的丘吉尔，以他的坚韧、战略的远见、不朽的时势艺术，联手他曾经最痛恨的敌人苏联、袖手旁观的美国，在第二次世界大战中挽救了英国、挽救了全世界；而且更令人不可想象的是，这个杰出的政治家，一生中竟然著有 26 部共 45 卷（本）著作，《英国民族史》甚至为他赢得了诺贝尔文学奖。正是这个充满虚荣心的丘吉尔，成为了无可争议的英国历史上最伟大的人物。

人们如此地渴望一种重要感，以至于他们不惜发疯去获得它，那么想象一下吧，如果你对人们发疯的一面予以真诚的赞扬会造成什么样的奇迹。

查尔斯·施瓦布是美国商界第一批每年收入超过 100 万美元的人之一，他被安德鲁·卡内基挑选担任新成立的美国钢铁公司第一任董事长，当时他年仅 38 岁。为什么安德鲁·卡内基每年付出 100 万美元给查尔斯·施瓦布？因为施瓦布是一个天才？不是。因为他比别人对钢铁生产懂得更多吗？也不是。查尔斯·施瓦布手下有许多人对于钢铁生产懂得比他多得多。

施瓦布说，他之所以被付如此高薪主要是因为他同别人打交道的能力。下面是用他本人的话归纳出的诀窍——这些话应当用青铜浇铸出来悬挂在全国每一户人家和每所学校、每一家商店和每个办公室里——应当让孩子们背下这些话，这些话会彻底改变你的生活，如果你予以实践的话：

"我认为我调动手下人积极性的能力，是我拥有的最大财富，而发挥一个人身上的最大才智的办法是靠赞扬和鼓励。"

"对于一个人的抱负最致命的扼杀莫过于来自上司的批评。我从来不批评任何人，我所依靠的是鼓励每一个人去工作。因此，我乐于表扬而讨厌挑毛病。如果我喜欢什么的话，我真心实意地进行称赞，慷慨大方地予以夸奖。"

"在我一生的广泛交往之中，见过世界各国的许多大人物。我迄今为止还没发现一个人，无论他的人格多么伟大或者地位何等显赫，在交口称赞的环境下比在充满非难的氛围中干得更糟糕，出的力更少。"

这就是施瓦布所做的，但是一般人恰恰相反。如果他们不喜欢一个东西的话，就会把它骂得一钱不值；如果他们确实喜欢它，就一声不吭，正像一副老对联上说的那样："好事不出门，坏事传千里。"施瓦布的坦率之言亦道出了安德鲁·卡内基之所以获得非凡成功的一个突出原因。卡内基在公开场合同在私下场合一样称赞他的共事者。

卡内基甚至在他自己的墓碑上亦想称赞他的共事者。他为自己写了一段这样的墓志铭："这里长眠着一个懂得如何同比他自己更聪明的人打交道的人。"

大庭广众之下赞美别人吧

人人喜欢被赞美,不喜欢被批评。戴尔·卡耐基曾这样说过:"当我们想改变别人时,为什么不用赞美来代替责备呢?纵然部属只有一点点进步,我们也应该赞美他。因为,那才能激励别人不断地改进自己。"

如果你想到处树敌或使你的威信降低,你不妨在大庭广众之下指出某个人的错误。你会使这个人感到困窘,以后他不但不愿跟随你,可能一辈子不会原谅你!假如在场的人有支持他的,你的敌人就更多了!因此,绝对不要轻易尝试!

《一分钟经理人》一书的作者肯尼士·布兰查博士,也特别强调"赞美"的可贵性、正面性,他建议身为主管者,要经常"挑出员工们做对的事情",协助员工发挥最大的潜力。因此,要有效吸引部属为你赴汤蹈火的第一个秘诀就是:扬善于公堂,规过于暗室。

名噪一时的制片商弗罗伦兹·齐格菲使百老汇为之倾倒,他的声望是靠他"吹捧美国姑娘"的微妙本事赢得的。他三番五次地找来一些谁也不会瞧上第二眼的小妞儿,在舞台上把她们改造为充满魅力的既神秘又性感的形象。他深知赞誉和信任的价值,通过献殷勤和考虑周到的关心,使女人们感到自己的美丽。他的方法很实用:他把女演员的工资从每周35美元提高到175美元,而且他还很有骑士风度:在首场演出之夜,他给明星们发电报祝贺,并且给参加演出的每一个演员都送去大批的名贵红玫瑰。

阿尔弗莱德·伦特是他那个时代最伟大的演员之一,在领衔主演《重逢维也纳》的时候,他说:"我最需要的莫过于滋养自己的自尊。"我们滋养我们的子女、朋友和雇员的肌体,但我们却是何等难得地滋养他们的自尊。我们向他们提供食物以培养精力，但是我们却忽视了给予他们溢美之词，而这却会像晨星的仙乐一样在他们的记忆中终年回荡。

"扬善于公堂"不仅适用于管理者，而且还是扩展人脉的重要法则，适当得体的赞美，会使你的员工、朋友感到很开心、很快乐。这时候，作为领导者你会经常听到来自员工们的心声："他很清楚赞美我的表现，我就知道他是在关心我、尊重我，并且很熟悉我的工作内容。"同时，你也会得到意想不到的回报，那就是你的员工感受到自己的表现受到肯定和重视的时候，他们会以感恩之心而表现得越来越出色，越来越精彩。

奉承是廉价的夸奖

赞美和奉承之间的差别是：一个诚心诚意，一个言不由衷；一个发自内心，一个出自唇齿；一个是无私的，一个是自私的；一个受到普遍推崇，一个受到一致谴责。恭维奉承在具有洞察力的明眼人那里很少奏效，因为这种做法太浅薄，自私而言不由衷。它应当是行不通的，而且通常确实如此。不过，有些人也乐于听到别人的奉承。比如维多利亚女王就吃奉承这一套。首相本杰明·迪斯累利承认说，他在同女王打交道时恭维话连篇。按照他本人的原话，他说他"拍马屁拍得直肉麻"。但是迪斯累利是治理过日不落的大英帝国的人中最圆滑、最灵活老练的人之一。在这方面他是个天才。不过，他行之有效的办法对你却不一定行之有效。从长期来看，奉承对你弊大于利。奉承是虚伪的东西，就像伪钞一样，如果你把它传给其他人的话，它最终会给你带来麻烦。

在墨西哥城查普尔泰佩克宫有一尊墨西哥民族英雄阿尔瓦洛·奥布列贡的半身塑像。在塑像下面刻着奥布列贡将军精辟的处世警句："进攻你的敌人并不足惧，可怕的是奉承你的朋友。"

英国国王乔治五世有一组六句格言挂在白金汉宫他的书房里。其中一句是这样的:"教我既不要做出亦不要接受廉价的夸奖。"这正是奉承的全部含义所在——廉价的夸奖。

如果我们所要做的一切就是为了奉承,那么一切都是没有意义的,而且从根本上讲这并不会拓展人脉,反而会得不偿失。因此,你要学会进行由衷的赞美,学习用收藏家的眼光,以独到的角度,看见别人看不到的优点,接受赞美的一方,会因为你的细心与体贴而觉得感动。

由衷的赞美,是人生中最令对方欣然接受却最不令自己破费的礼物,它的价值也是难以估计的。当你用心观察到对方的优点,并且发自真心地表达赞美,友善的关系便在一言一语中逐渐建立、累积,人脉也会直线上升。

情人间的赞美,让爱情更加滋润。亲人间的赞美,让家庭更加幸福。许多实验证明:在充满赞美的环境中长大的人,比较有自信。经常受到老师赞美的学生,功课成绩也会比较好。因此,千万不要忽视赞美的力量。

其实,赞美别人,就是肯定自己。由衷地表达对别人的欣赏,就是对自己有信心的表现。在别人的优点中,肯定了自己的眼光;在别人的特色中,肯定了自己的气度;在别人的表现中,肯定了自己的观察。

不要以为赞美别人是一种付出。从"生命能量"的观点来说,这其实是一种能量的转换,对别人进行赞美的时候,你已经获得了更多的力量。你从嘴里吐出字字赞美的话,一如粒粒珍珠,挂在胸前,它令你充满喜悦的心,更加光华耀眼。

爱默生说:"我碰到的每一个人在某些方面都比我高明。在这个意义上,他对我是有所教益的。"诚如爱默生所说,我们应停止考虑我们的成就和我们的期望,而去领悟别人的长处。忘掉恭维奉承吧,给别人诚恳真挚的称赞。真心实意地进行称赞，慷慨大方地予以夸奖，人们将珍视你的话，铭记你的话。

私下解决异端

在大多数的组织里，主管们花很多的时间挑下属的错误，然后再花时间批评他的不是。一位企业的管理者如果经常重复做这样的事情，最容易导致部属自暴自弃，造成上下怨恨，互蒙其"害"，两败俱伤。

每个人都喜欢获得别人的赞美，尤其是在上司面前。因此只要是真心诚意，何妨多多开口公开表扬别人。相反，当你发觉有人搞砸了任务、在会议中说错话或是在工作中表现不佳时，最好是私下告诉他们。如果在大庭广众之下公开指责他人的错误，不但会伤害他的感情，而且有损你的形象，他也许会承认错误，但无法接受这种批评方式，这将使他对你充满敌意，一旦有机会，就可能以牙还牙。

领导者都应掌握对犯错误的部下的处置权，但是要记住，能否恰当地运用这种权力，是你能否服众的一个重要方面，因此一定要慎而用之。千万不要急于追究部下的责任，你需要的是用冷静的态度稳稳地掌握主动权。什么时候处理最合适，用什么样的方式处理最妥当，都是你应考虑的，只有这样你才能赢得部下的心，使其成为你的忠实拥护者。

如果你希望自己的批评取得好的效果，就要在攻心上下工夫，绝不能使别人从内心反对你。一定要记住，你要做的事实际上是一种说服工作，即打动对方的心，使对方回到正确的航向上来，而不是去贬低他的自我。即使你的动机是高尚的，是真心实意的，也要注意场合问题。当有其他人在场时，哪怕是最温和的方式也很可能引起被批评者的怨恨，使他感到在同事或朋友面前丢了面子。

美国经济大萧条时期，当时人们就业非常困难，一位17岁的女孩好不容易找到一份在高级珠宝店当售货员的工作，还是暂时试用。圣诞节将要来临时，店里的工作特别忙，姑娘干得很起劲，因为她听说经理有留用她的意思。

这天她来到店里上班，把柜上的戒指拿出来整理时，瞥见那边柜台来了一名30岁左右的男子，他几乎是这个不幸时代贫民的缩影：一脸的悲伤、愤怒，衣衫褴褛。他用一种不可企及的、贪婪的眼光盯着那些高级首饰。

这时电话铃响了，姑娘急着去接电话，一不小心把一个碟子碰翻，六枚精美绝伦的钻石戒指落到地下。她慌忙四处寻找，捡起了其中的五枚，可是第六枚戒指怎么也找不着，姑娘急得出了一身汗。这时，她看到刚才的那个男子正向门口走去，顿时，她醒悟到了戒指在哪儿。

当男子的手将要触及门柄时，姑娘柔声说道："对不起，先生！"

那男子转过身来，两人相视无言足足有一分钟。

"什么事？"他问，脸上的肌肉在抽搐。

"什么事？"见姑娘没有回答，他再次问道。

"先生，这是我头回工作，现在找个事儿做很难，是不是？"姑娘神色黯然地说。

男子久久地审视着她。终于，一丝柔和的微笑浮现在他的脸上。

"是的，的确如此。"他回答，"但是我能肯定，你在这里会干得不错。"

迟疑了一下，他向前一步，把手伸给她："我可以为你祝福吗？"

姑娘也立刻伸出手，两只手紧紧地握在一起，她用低低的但十分柔和的声音说："也祝你好运！"

那男子转过身，慢慢地走向门口。

姑娘目送着他的身影消失在门外，转身走向柜台，把手中握着的第六枚戒指放回原处。

这是一起盗窃案,一般人的处理方法,不外是想方设法抓住盗窃者,追回赃物。但是,这位姑娘并没有这样简单处理,而是用一席话彬彬有礼地达到了预想的目的。而那个盗窃者良心发现之后,也没有出乖露丑,而是非常体面地改正了自己的错误。这两个人的交际技巧是非常值得人们加以细细品味的。

姑娘用礼貌称呼语,语气适中,不慌不忙地唤住了这位男子。这样既传递了信息,又创造了一个相互尊重的气氛。如果当时姑娘慌不择语,或者语气过重的话,只能产生两个后果:一是那男子如惊弓之鸟,三步并两步,仓皇消失在门外;二是惊动了别的同事,闹得尽人皆知,这都不是姑娘所希望的。而姑娘用得体的礼貌称呼语,极有分寸的语气力度,不仅创造了对话沟通的气氛,无疑还有两层言外之意:一是你有偷窃戒指的嫌疑;二是请你放心,我绝不会用粗暴的方式对待你的。

当那个男子接连问两个"什么事"时,聪明的姑娘从他的表情及其问话的方式、腔调中肯定了自己的判断,也洞察到他内心世界的微妙变化,她感到眼前这个男子并不是那种惯偷,而是被穷困所迫的一念之差。他很可能接受自己的处理方式,所以姑娘继续采用含而不露的暗示术:动之以情,晓之以理,来达到目的。"这是我头回工作",暗示我也和你一样,千辛万苦找不到工作,现在是头一回工作,咱们"同是天涯沦落人",应该同病相怜才对,借以引起感情上的共鸣。"现在找个事儿做很难",意在为前一句话作陪衬,言外之意是如果你把这枚戒指"拿"走,那我就要失去这份差事,再找工作就很困难了,就像你现在一样。这两句话把自己和那男子感情上的距离拉得很近。末了还用了"是不是"这样的是非疑问句,借以引起男子进一步思考,加强语意力度，扩大暗示效果。

男子传达出愿意归还戒指的信息时，姑娘不失时机地握住他的手，说上一句"也祝你好运"，表达自己由衷的谢意和美好的祝愿，抚慰了失意人感情上的失落和内疚。姑娘巧展口才，妙用暗示，终于实现了自己美好的愿望。

由此可见，把批评的话用恰当的语言技巧表达出来，可以收到出乎意料的效果。姑娘和那男子表面上看是在讲找工作、聊天之类的事，而实际上真正的语意已附着在表面的语言形式上传递给了对方，彼此心领神会。双方都按一定的形式解决了问题，避免了一个尴尬的局面。姑娘没有当场指责那名男子，她的做法必然使对方感激。这样既掩饰了各自的过错，又满足了双方的道德愿望。

俗话说："家丑不可外扬。"想必你也明白其中的道理。因此，不要在其他人在场时对别人进行说教。无论是批评孩子，还是同事朋友，或是下级，都应将批评的范围尽可能缩小，而不要肆意扩大。因此，对于某人的一些过失，最好采取单独面谈的方式，只要他认识到错了，就没有必要当着其他人的面要他作公开检讨，而只要在你的办公室里，面对面地跟他谈，就足以使他反省了。任何具有上进心的人都不愿犯错误，何况你的目的只是让他改进工作，而不是贬损他的人格。被批评者认识到你完全是为他好，且顾全了他的面子，必会对你心存感激，你说的话，他也能听得进去了。所以古人说："引而不发，跃如也。"这也是一种拓展人脉的方式。

9. 人脉的收益就是善心的积累

有这样一句话形容不同的主管："一流的主管让人尊敬，二流的主管让人爱戴，三流的主管让人畏惧，四流的主管让人讨厌，不入流的主管让人戏弄。"在现在这个时代谁要是处心积虑地使自己处于让人惧怕的地位，那他无异于为自己建立了一座与世隔绝的城堡，而仁厚友善的方式比任何暴力更易于收服人心。与人为善，永远没有坏处。

待人善良可以搭建优质的人脉平台

俗话说"种善因得善果"。生活向来如此，当我们看到需要帮助的人时帮助他们一下，那在我们自己遭遇困难时，通常也能够得到别人善意的帮忙。而伤害他人无异于为自己挖了陷阱，你伤害的人越多，你人生道路上的障碍也就会越多，糟糕的人际关系必然会导致你职场生涯的失败。

善待他人就是善待自己，为他人尽力就是为自己尽力，不帮助他人就得不到他人的帮助。身在职场，只有与人为善才能够成就你圆融的人际网络，成就你的职场人生。人心就像一本存折，只有打开来才知道到底有多少收益，而这收益正是由一点一滴的善累积而成的。给予别人仁慈，仁慈就会循环给我们。人们在满意时，不会在意自己付出的代价。你应对每一个人表现得和蔼可亲，让你的人脉更广。

在你与人为善、善待他人的同时，无形中会使别人欠你一份"人情"，而对于你来说，这"人情"就是一笔不可估量的财富！在人生的旅程中我们之所以会参加各种工作，从事各种经营活动，无非是想实现我们自身的价值，丰富我们的人生体验，让我们的梦想在一步一步的行动中逐步得以实现。当我们的梦想变成现实时，当我们实现自己的价值时，我们就会感到无比的幸福，就会充满着成就感与充实感，"快乐"就会随时围绕在我们的周围。而"人情"不仅仅会带给你物质上的巨大财富，还会为你带来被别人喜爱的充实感和快乐感。

海边的小茅屋里生活着一个穷寡妇，她靠给渔夫们修补渔网挣钱度日。有一段时间，天气不好，渔民不能出海，她也就没有事可做，最后连面包都吃不上了。穷寡妇只好来到村里一位富人家讨些吃的。

富人对她说道："我刚给所罗门献过面粉，现在仓库是空的，但撒落在地板上的面粉还是能凑合吃的，你可以将它收集起来。"

寡妇来到仓库，扫起撒落在地上的面粉带回家，烤了三个面包。她正要吃第一个面包时，传来了一阵敲门声。寡妇打开门，一个落魄的男人说道："好心人，给我点吃的吧，我在半路上碰上了强盗，钱财被抢个精光，我现在饿得只剩下一口气了，求您，给我点吃的。"

寡妇对他的遭遇表示同情，就给了他一个面包。正当她准备吃第二个面包时，门又被敲响了。寡妇打开了门，又看见了一个人，这个人告诉寡妇，他家着了火，大火中他失去了所有亲人和全部家当，他孤身一人穿过沙漠流浪到此。寡妇把第二个面包给了他，这位男子拿了面包消失在暮色中。

寡妇很高兴又做了一件善事，然后想吃最后一个面包。这时刮起了大风，小茅屋的屋顶被风掀走了。不幸并没有终止，寡妇手里的最后一个面包也被大风刮往大海的方向。

第二天早上，暴风雨总算停了，然而寡妇的最后一个面包也没了，她怎么也想不通，自己一直是按照神的旨意为人处世，连救命的面包都施舍给了最需要的人，为什么第三个面包还会被风刮走呢？神不是照顾寡妇和孤儿的吗？要不就是风违背了神的意愿，故意来制造麻烦？

她决定向所罗门王控告风的这种恶行："智慧的所罗门王，我要控告可恶的风，请您为我做主。"

所罗门王听后说："你先在这儿住一段时间吧，一直到再起风的时候。到时候，我自会给你做主。"

寡妇出去以后，王宫里又进来了三个外国人。经过询问，所罗门得知他们是阿拉伯的商人，装了一船的宝石、金银、香料等贵重物品来进行贸易。途中遇到了暴风雨，船在海上拼命摇晃，船底还破了个大洞，水不断往里涌。他们乞求以色列神灵的帮助，大声高喊："若我们蒙您的救助摆脱灾难，我们愿献上我们货物的十分之一给您。"

话音刚落，从空中飞来一个东西，将船底的漏洞堵上了，没过多久，暴风雨也停了，他们得救了。

"智慧的所罗门王，这是我们许诺给以色列神的一箱珠宝，请您代我们施给以色列神庇护下的善良的穷人吧！"

"那个从天空飞来的东西是什么？"

"那是一个烤面包。我们把它也带来了。"

说着，一个商人从包里取出了一个小面包，呈送到所罗门王的面前。所罗门王马上把那个寡妇叫了出来。

"你见过这个面包吗？"

寡妇看了看这个面包，认出了它，这正是那个被风刮走的面包。

所罗门王作了裁决："这箱珠宝已经归你了，这是神的旨意，你的慈悲之心有了回报，风给你带来苦难，又给你带来好运，两者相抵不予追究，你拿着珠宝回去享福吧！"穷寡妇的善良给她带来了美好幸福的生活。

人类的内心都有希望被人关注、受人重视、被人容纳的愿望。每个人都应用善意的、亲切的、温和的态度与人交往，奉行"与人为善，善有善报"的原则做人行事。善良是心灵的桥梁，它能走向每个人心海的深处，从而获得真正的友爱。

待人善良诚恳是搭建优质人脉平台的地基，正如美国著名成功学家戴尔·卡耐基在他的《关爱人》一书中写的那样："一个能够从细微处体谅和善待他人的人，一定是一个与人为善的人，必定有很好的人缘儿，这种人缘儿就是他成功的基石。"

孟子说："君子莫大乎与人为善。"其实，与人为善就是善待他人，这是我们每一个人在成功道路上都应当遵守的一种潜规则。在如今这样一个充满合作的社会中，更是需要我们能够做到与人为善。只要我们在为人处世的过程中能够善待别人、帮助别人，就能处理好与各种各样的人之间的关系，从而为自己的成功编织起良好的人际网络。

我们在职场中应该与人为善，善待他人。也许你帮不了别人什么大忙，但你可以从小处入手，小事情也一样可以帮你建立起良好的人际关系。事实上，对于一些生活中的小事，我们的记忆似乎会很长久。几年之后，可能会在某一天，一些你所帮助过的人会突然想起某一件事，念起你的好处，而这种突然想起的"良好"的印象会使你获益匪浅。

与人为善是一种智慧

印度诗人泰戈尔曾经说过："不是锤的打击，乃是水的载歌载舞，使鹅卵石臻于完美。"有一则太阳与风比赛的寓言也说明了柔善的征服力量。一天，太阳与风打赌，看谁能把路上行人身上披的大衣脱掉。首先，风一个劲儿地猛吹，但路上的行人把大衣越裹越紧。然后太阳慢慢放出热，只见紧裹大衣的行人渐渐松开了手，随着太阳的温度升高，行人都纷纷脱下了大衣。风输了，太阳赢了，最后太阳告诉风一个真理：温和与友善总是比愤怒和暴力更强和更有力量。

与人为善既是一种爱心的体现，也是一种人生智慧，它甚至比智慧更高明。因为有很多东西如果单凭智慧是千方百计也得不到的，但你却能凭着与人为善就轻而易举地得到它们。在人生的旅途上，只要你能够真正地付出你的真诚和善良，真正地做到与人为善，你就会有良好的人际网络，感受到人与人之间的温馨，获得意想不到的收获。

与人为善很简单，它并不需要你的刻意造作，只要你拥有一颗平常心即可。正如人们所说：良好的人际关系不单单是行动上做出来的，更是从心底里流出来的。在与他人交往时，只要我们以诚待人，用心地去和他人交往，对人多一份理解和宽容，就会获得周围人的帮助和支持，最终使自己走向成功。

美国的富尔顿·沃斯勒小时候住在巴尔的摩。他年轻时在邻近的街区开了一家药店，而帕克·巴洛——一位经验丰富和久有声望的药店主，对此感到非常气愤。他指责这个年轻的对手卖假药，毫无配药经验。后来，这个受到攻击的新来者准备为此事向法院起诉。他去请教一个律师，这位律师劝他说："别把这件事闹得满城风雨了，你不妨试试表示善意的方法。"

第二天，当顾客们又向新药店的店主诉说帕克的攻击时，他说："一定是在什么事上产生了误会。帕克是这个城里最好的药店店主，他在任何时候都乐意给急诊病人配药。他这种对病人的关心给我们大家树立了榜样。我们这个地方正在发展之中，有足够的余地可供我们两家做生意。我是以巴洛医生的药店作为自己的榜样的。"

当帕克听过这些话后，便急不可待地去见这位年轻人，并向他介绍了自己的一些经验，提出了一些有益的劝告。从此以后，两家的怨恨消除了。

一般来说，"善"总是同"柔"相联系的，而"强硬"总是与

"刚"相联系的，所以，新来的药店主能取悦于老药店主，也可以说是采取了以柔弱胜刚强的办法。新药店一出现，原来那家有声望的老药店主就极力进行攻击，这是一种态度上的刚强表现。开始，新药店主准备为此事向法院起诉，这无疑是一种强硬的回击办法，如果就这样以刚对刚，结果可想而知，或一胜一负，或两败俱伤，两家的关系会更加紧张。因此，律师劝新药店主用表示善意的办法解决问题，这真是明智之举，也是征服对方的心，消除矛盾的好办法。因为对方的态度强硬，甚至带有几分敌意，对此如果来个反其道而行之，以柔和善意的态度对待，这样，对方即使态度再强硬，也不过如铁锤砸在棉花堆上，怎么也迸不出火星儿。再说，人心都是可感化的，对善意的言行，谁不喜欢呢？所以，当新药店主按律师吩咐的那样，对老药店主表示谦恭、友善的态度时，终于感动了大动肝火的老药店主，他急不可待地去见自己年轻的对手，并主动介绍自己的经验，提出有益的劝告，使两家和好。

善良者最快乐，最幸福，最富有。那些播种善良的人，终究会收获好的声望和荣誉。在犹太人心目中，善良是最美好的品德之一，他们视帮助他人为公共义务，为他人提供礼物或贷款，或接受他人为商业伙伴，或者为其找到一份工作，这些都体现了犹太人的善良。

若能博得他人的善意，你将有无往不利之便。同样一件事，有人用之，令人心悦诚服，有人用之，却使人退避，两者的差异，取决于手腕不同。要赢得他人的好感，单凭非常之举并不足够，只有先加深对他人的了解，然后博得他的好感才比较容易。尊重别人往往可以带来他人的善意。

上级的一句赞许之语，抵得同僚的实际帮助，王侯的优礼相待，胜于他人的实际赠礼。阿芳索五世就曾忘君王之尊，亲自下马解救一个农夫。他因此事而得以攻下猛攻多日未能得手的盖塔城。他因收得一人之心，而俘获一城。就连最卑劣的批评者，也说他最高的才能在于获得臣民的善意好感。

学会让人爱戴你，而不是惧怕你

有这样一句话来形容不同的主管："一流的主管让人尊敬，二流的主管让人爱戴，三流的主管让人畏惧，四流的主管让人讨厌，不入流的主管让人戏弄。"作为管理者，谁要是处心积虑地使自己处于让人惧怕的地位，那他就是世界上头号大疯子。因为，法律绝不可能轻易为个人的权力所制伏，自由精神也绝不可能轻易为个人的权势所吓倒，它们迟早会在无声的公众情绪中，或在选举国家重要官员的无记名投票中，显示出自己的威力。一度受到压制然后又重新获得的自由，比从未经历艰险的自由更强劲牢固。因此，让我们采取这样一种策略（这种策略能赢得个人的好感：它不仅是保证安全而且也是获得人气的最有效的方法）——即不让人家惧怕，而让人家爱戴。这样，无论在私生活还是在公共生活中，我们都会轻而易举地获得成功。这就是采取友善的行为使对方感化，达到消除矛盾和隔阂的友好相处的方法。

善行之所以使人感动，是因为人都有一种服软不服硬的特性。从语言对人的感情刺激来说，所谓"恶言恶语伤人骨肉，温言暖语说软石头"，说明了善行感人的道理。一般来说，舒缓的字眼、友善的态度能使人神经放松、情绪轻松愉快，表露出满意的微笑，就是喜欢发牢骚的人，也会被软化；而那些强硬的字眼、敌视的态度能使人神经紧张，情绪暴躁，表现在感情上就是怒发冲冠，心理的逆反，结果是感情恶化，发展到难以相容的地步。

以善感人之"善"，既可以体现为"善行"，也可体现为"善言"。所以，有时虽然你有理，也要用善言表达，俗话说："有理不在言高"

是有一定道理的。有时虽然有理，但如果以"言高"的方式表达，得理不让人，可能会影响"理"所应产生的服人的效果。这就说明在某些情况下理直气壮反而有害，而理直气和可能更有利于服人。因此，即使得理也须让人三分，那种"没理强占三分，得理也不让人"的做法是不可取的。我们应做到既理直又气和，这样不仅能从理上，也能从情上征服人。在许多情况下，虽然你的理很"直"，气却可以适当缓和一些，和和气气地把道理讲明，往往能收到意想不到的效果。

善行可感化人心，从人的心理特性的另一方面来说，还在于人人都有维护自尊心的心理。对人友善，可以给人一种受到尊重感的满足，反过来自然也会表达出一种感情上的回敬和报答，这样双方在感情上就融洽了。反之，如果用强硬语气与人说话，即使是一句表示尊重、爱戴之意的话，也难免使人感到在受呵斥、命令，心理上会有受制于人的感觉，感到自尊心受到了伤害，由这种感觉产生的逆反心理往往会导致感情的恶化。

"和为贵"是拓展人脉的价值准则

人在事业发展过程中，难免会遇到一些阻碍事业发展的不利因素。这种不利因素之所以会产生，都是因为人的原因。只要清醒地认识到人与人之间关系的重要性，搞好人际关系，种种不利因素便会随之变化，变得对自己的事业发展有利。

用温和的方式对待朋友或对手，使他们改变对自己的态度，不失为是自我发展的妙方。和实生物，和气生财，和平生宁，和谐生美，和美生福，一句话，和为贵，和是宇宙万事万物的一种崇高境界。不和无物，不和无财，不和无宁，不和无美，不和无福。

吉田忠雄是日本吉田工业公司的总裁，被人称为"拉链大王"。他所经营的公司，曾是日本最大的拉链制造公司，据说其生产出的拉链的长度，足够在地球到月球之间往返两次半。

吉田忠雄有自己一套独特的经营方略，简而言之，就是遵循"善的循环"。对此，他有自己的说法："如果我们散布仁慈的种子，给予别人仁慈，仁慈就会循环给我们，仁慈在我们和别人之间不停地循环运转。"他认为，企业赚钱多多益善，但是利润不可独吞。为此吉田把利润分成三部分，推行"利润三分法"，即以质量较好的产品及低廉的价格，再让利1/3给消费者，1/3给销售公司产品的经销商及代理商，另外的1/3给自己企业的职工和股东。

根据这个原则，吉田忠雄要求公司员工在本公司的储蓄账户上存款，公司则每月按高于日本银行的定期利息，支付给存款职工，这对职工产生了极大的吸引力，鼓舞着他们对公司投资计划的积极参与。正是吉田开诚布公，让惠让利，重视公共关系和人际关系，积极创造了"人和的环境"，才博得各方的赞誉，提高了企业的自身形象，最终赢得了长期、稳定的巨额利润。

和与善是人际交往中的一种崇高境界。创造和局，对外手段主要是怀柔，恩泽四方，令"近者悦，远者迩"，对内则主要表现为仁让，也就是儒家孔子、孟子等所一贯倡导的"恕"。仁让或恕的实质即是对自我的约束或以自我的约束换取整体的和谐。从方法上说，这也可以说是一种从整体利益和长远利益出发，处理人世间一切局部的、暂时的纠纷和冲突的人生态度或处世原则。这个原则对于我们所说的人脉而言，也有着不可低估的现实意义，因为人脉并不是一种抽象的东西，它的主体是人，它的实行者是具体的个人，而它的表现形式则是人际关系。

从人际关系的角度来说，仁让是一种最基本的协调措施，或者说是一种最基本的原则和策略。它既是一种修养，也是一种智慧。因此，我们说，与人为善、以和为贵是大智。

"和为贵"，是拓展人脉的一个重要价值准则，也是我们所追求的社会人际关系的理想境界。孟子指出："天时不如地利，地利不如人和。"荀子也曾说过："上不失天时，下不失地利，中得人和，而百事不废。"由此可见，"和"在儒家思想中为调和、和谐、协调的意思。在儒家看来，"和"强调人与人之间的和谐关系，是人类行为活动中最重要的条件。只要实现了人与人之间的"和"，就能"战无不胜"、"百事不废"。

10. 距离产生好感

与人交往时，刻意保持一段距离，不轻易过问别人的隐私，会使你更受欢迎，赢得旺盛的人脉。距离有时候就像一只点石成金的魔手，撮合着或捉弄着人们。不要以为亲密无间就能获得他人的好感，平淡如水又绵长无穷的关系能够为你赢得荣宠。学会掌握与人交往的"距离"艺术，你将成为朋友们最信赖的人。

保持距离的妙用

人的交际活动从某种意义上来说也是一种审美活动，许多美学家已有许多著作说明美感产生的原理。19世纪德国著名的黑格尔派美学家费歇尔，在他的《美学》中写道："我们只有隔着一定的距离才能看到美，距离本身能够美化一切。"到了20世纪初，瑞士的美学家和心理学家布劳又发展了这个观点，他认为距离是美感的一种显著特征，审美主体在审美时要与实用的功利主义有一定的距离，才易于产生美感，由此得出结论："最广义的审美价值，没有距离的间隔就不能成立。"因此，在与人交往时，刻意保持一段距离，不轻易过问别人的隐私，会使你更受欢迎，赢得旺盛的人脉。

伊丽莎白一世是英国历史上一位著名的女王，她在位期间，励精图治，使英国从一个四分五裂的弱国一跃成为世界强国。她身边有一个名叫罗伯特的宠臣，他外表英俊潇洒：棕色的头发，黑黑的眼睛，颀长的身体。他进宫时非常年轻，深得女王的宠爱，在很短的时间内，一跃而成为女王面前最吃香的人物之一，女王甚至深深地爱上了他。有一天早上10点钟，那正是女王梳妆打扮的时间，他来到王宫。门口的侍女告诉他，女王正在梳妆，不宜进见。罗伯特特宠任性，他想什么时候见到女王就要在什么时候见到女王。于是，他不待通报，并不顾侍女的劝阻，径直闯进了女王的居室之中。

此时的伊丽莎白女王刚从床上起来，几个被允许参加女王最隐秘的梳妆仪式的宫女，正围在女王的身边忙着。罗伯特的突然来到，使女王大吃一惊。

一个迟暮之年的女性，在这种时候是不愿让一个年轻的爱慕者看见自己的，而罗伯特恰恰闯了进去，他也吃了一惊，他几乎认不出女王了。此刻的伊丽莎白除了女王的尊严以外，几乎没有一点儿动人之处，灰白的头发披散在脸旁，眼角和额头上有了微微的皱纹，双颊没有胭脂，眼睛的周围也没有光彩，平日那种耀人的神采奕奕荡然无存。女王看见罗伯特进来，虽然心中吃惊而恼怒，但还是不动声色地把手伸给他吻，并对他说，稍候一会儿就会见他。

罗伯特扬扬自得，以为女王对他百依百顺，可是他却是大大失算了。女王非但没有召见他，相反还下了一道御旨：罗伯特必须待在他的寝室里，不得踏出半步。罗伯特一下从座上客变成了被软禁的囚徒。

在罗伯特被软禁不久，即发生了苏格兰"叛乱"事件，伊丽莎白一世费尽心思，才平息叛乱，之后，她迁怒于罗伯特，将他判处死刑。1601年2月的一天，罗伯特穿着黑色的囚服，从伦敦塔的监牢里出来，走向断头台。

伊丽莎白一世斩杀罗伯特这一逸事，虽然带有一点宫闱秘闻的色彩，但尽管如此，仍然给了我们很多的启示。被称为"处女女王"的伊丽莎白一世，对她所宠爱的异性，或者可以称之为情人的男人是非常宽容的，甚至尽量给他们种种特权，让他们逍遥法外。女王曾经非常宠爱一位叫埃塞克斯的伯爵，她曾把一枚镶着一块带有红色条纹的古代玛瑙，其上刻有伊丽莎白女王浮雕像的"结婚戒指"（女王未婚，却有许多华贵的戒指）赐给了埃塞克斯，女王对他说："不管你将会受到什么样的处罚，只要你戴着这枚戒指，都可以赦免。"后来伯爵犯了叛国罪，由于女王的政敌诺琴加姆夫人从中作梗使埃塞克斯被判处死刑，使他走上了断头台。当女王听说这个消息时，怒不可遏地说："即使上帝饶恕她，我也不能容忍她。"可见女王对情侣是极尽保护措施的，而罗伯特只不过看到了她梳妆前的模样，何以受到如此的惩处呢？

罗伯特走向断头台时，恐怕还感到死得莫名其妙，其实这个得意忘形的贵族子弟，是个最不开窍的男人。因为作为女人的伊丽莎白一世，虽然身居高位，但她的心里和大多数女人一样，都崇尚美丽的外貌，尤其在自己喜欢的人面前，更是如此。总想以其耀人的风采来博取对方的青睐和爱慕，所谓"女为悦己者容"，她不能不关心自己的容颜，不能不关心自己在别人心目中留下的印象，当罗伯特退出寝宫之后，女王立即命宫女拿出一面镜子,当她看到自己在镜子里的憔悴模样,一股酸楚之感便涌上心头。要知道伊丽莎白一世是个终身未嫁的女性,但她对婚姻又非常着迷,自然对异性敏感的程度又异于一般人。而她的讳莫如深的一面竟然让心爱的人看见了,这怎能不使她十分尴尬而耿耿于怀呢?

另一方面,女王毕竟是女王,由于其首脑的特殊地位,在心理上总是处于优势,形成了惯性思维定势,尤其注重"尊重"的需要。伊丽莎白终身未嫁,除了配偶选择的范围有局限等原因以外,也与她为保持女王的尊严、维护自己最高权力的需要有关系。女王的一生,即使到了中年以后,总是担心结婚、感情与理智的矛盾,但理智总是占了上风。罗伯特私闯禁宫,实际上对女王的权力范围是一个不小的冲击,一个人的"家居优势"都受到了威胁,冲击波自然会不断地扩散开来,能不有岌岌可危之感吗?

罗伯特的失误在于他不知道尊重别人的心理空间。你应记住,隐私是绝不可踏入的领地。在与他人相互交往中,一些人自觉或不自觉地显得很谨慎,害怕别人窥见自己的隐私,这并不是不诚实的表现,而恰恰是一种自尊,是他应有的权利。作为女王来说,她之所以指定宫女梳妆,不准他人私入寝宫,这都是情理中的事,她也要保护自己的心理空间,连最心爱的人也不例外,而愚蠢的罗伯特竟然一无所知。女王之所以杀了罗伯特,也是出于保护隐私的需要,因为女王知道,罗伯特连这种私闯寝宫、没有教养的事都能做得出来,要这样的纨绔子弟守口如瓶是不可能的。

秘密是不可能被长期保守的,所以罗伯特的存在自然是女王的一块心病,而为了维护自己的尊严,女王必然将处死罗伯特。

"远"和"近"的魔力

无论在什么情况下,你都要特别注意,不能因为对方与你关系不错,而无所顾忌。所谓的亲密无间,实际上只不过是人们对彼此关系较好的一种形容罢了。实际上,亲密应该是有"间"的。哪怕是最亲密的朋友,也要尊重别人的心理空间,不可以随便进入别人的"芳草地"。应该说,承认各种状态独自存在的合理性,宽容私生活的个性化,是现代理性精神的要求,也是一个人受到尊重的前提。

如果你认为自己与他人的亲密程度就是应该如一人,不分你我,你就大错特错了,也许在短时间内你和他人会为这种亲密无间的感觉而陶醉,但不要异想天开你们会永远保持这种危险的关系,因为靠亲密无间编织的好景不会长久,亲亲热热的两个人转眼之间就会变成水火冰炭一般的对手或彼此不闻不问的路人。你应感谢别人对你平淡如水却绵长无穷的关系,这种关系能够为你赢得荣宠;你应迅速抛掉别人对你热烈似火却转瞬即逝的关系,这种关系只能让别人觉得你更加可鄙。称兄道弟的未必就是朋友,相对无言的未必就是陌路人。所有这一切,都说明人与人之间的恩恩怨怨、是是非非无不与"距离"有关。距离,它就像一只点石成金的魔手撮合着或捉弄着人们。

这种"距离"对提升你的身价、拓展你的人脉是十分有意义的。当我们欣赏戏剧时,只有保持一定距离,才能在理智的指导下冷静品评,从而获得美感,如果把表演内容等同于生活,美感就会消失。莎士比亚的《汉姆雷特》在美国演出时,一名士兵见克罗迪斯杀兄霸嫂,谋害王子,失去了理智,掏枪打死了那个演员,又开枪自杀了,人们把他们安葬在一起,树碑云:"理想的演员和理想的观众。"演员可以说是"理想",但那位观众未必"理想",他的做法太荒唐了。

人际交往中,一定要掌握好距离感,要有聚有散,这个"散"就是指距离要适度。即使最亲密的夫妻关系也要注意有一定的距离调节。距离近，大家密切来往，互通有无，思想便于沟通，情感容易融合；与此同时，纠纷与冲突也可随之产生、升级，隔阂与矛盾就会出现。所以民间有谚语说"好亲打高墙"。距离远，彼此看不真切，朦朦胧胧如雾中观花水中望月，双方均可在对方心中有一定完美的形象，没有了鸡毛蒜皮小事琐事的摩擦，日日思念，夜夜向往，一旦见面，其乐融融；但缺少了那种亲切自然的日常交流，人与人之间的关系总不免有些欠缺，所以民间又有谚说"远亲不如近邻"。由此可见，远有远的好处，近有近的不足。一个希望处理好人际关系的人首先必须明确意识到这一"远"和"近"的魔力。

提升人脉，要知道"刺猬理论"

一位心理学家做过这样一个实验：一个刚刚开门的阅览室，当里面只有一位读者时，心理学家就进去拿椅子坐在他（她）的旁边，实验进行了整整80人次。结果证明，没有一个被试者能够容忍一个陌生人紧挨自己坐下。当心理学家坐在他们身边后，很多被试者会默默地移到别处坐下，有人甚至明确地问："你想干什么？"

这就是一个人际距离的问题。这个实验给出的结论是：没有人能容忍他人闯入自己的空间。人与人之间需要保持一定的空间距离，即使是最亲密的两人之间也是一样。任何一个人，都需要在自己的周围有一个自己能掌控的自我空间，这个空间就像一个充满了气的气球一样，如果两个气球靠得太近，互相挤压，最后的结果必然是爆炸。这也就解释了为什么两个本来关系密切的人，越是形影不离就越容易爆发争吵。

过于亲近易生侮慢之心，人与人之间往往因为失去分寸而发生很多的遗憾。其实，这都是可以避免的事情，只不过人们通常会因为过于亲近而忘记应守的界限，在说话和行动上乱了方寸，让原本要好的朋友，转眼间变成见面不相识的陌生人。因此，最好保持适当的心理距离以求安全。

刺猬是一种全身披着刺的针毛动物。这种动物通常群体而居，自成一个小团体。在西方有一种刺猬定律：每当天气寒冷的时候，刺猬被冻得浑身发抖。为了取暖，它们会彼此靠拢在一起，但是它们之间会始终保持着一定的距离。原来，如果相互距离太近，刺猬身上的刺就会刺伤对方，但如果距离太远的话，又达不到相互取暖的效果。于是刺猬们找到了一个适中的距离，既可以相互取暖，又不会被彼此刺伤。

在人际交往上，也有所谓的"刺猬理论"，我们称它为人际交往中的"心理距离效应"。在人际交往中，很多人认为与别人的交往越亲密越好，其实不然，如果你不注意保持距离和神秘感，把握分寸，就可能会在人际交往中受到伤害。要想提升人脉，你必须学会掌握与他人交往的距离艺术，这里最需说明的就是，你绝不可探人隐私，揭人伤疤，这是我们与人交往时最应该注意的事情之一。朋友有难言之隐，不要刨根儿问底儿，这样只能让对方为难；朋友向你倾诉，耐心专注地倾听，不要追问细枝末节，套取隐秘，更不能充当小广播小喇叭。至于朋友心灵的伤疤，不仅不能去揭，而且要有意避开它，甚至精心呵护它，这样的人才值得信赖。

找到你与人交往的"黄金距离"

人就像冬天的刺猬，太近了刺人，远了又觉得孤独和寒冷。这是对距离最好的诠释了，人就是这样一种存在，既需要距离，又试图超越距离。"距离"存在两面性。给你安全和自由的是"距离"，给你烦恼和忧愁的也是"距离"。人们要努力的，就是要在人际交往中，维持一种不远不近、不长不短、恰到好处的"黄金距离"。这种"黄金距离"以多长为宜？要因人而异。

关系亲密的、相互熟悉的、品格正直的，"距离"宜小；反之，"距离"则宜大。"一日不见，如隔三秋"，距离酝酿了优柔缠绵的思念之美。"君子之交淡如水"，距离培育了清纯牢固的友谊之美。"花非花，雾非雾"，距离造就了意境之美。"但愿人长久，千里共婵娟"，距离创造了浪漫之美。法国人喜欢说："品位是一种积累的过程。"中国人喜欢说："一点一滴，水到渠成。"积累，它本身造就的就是一种距离，一种高度，距离产生美。美需要距离，而且需要合适的距离。产生美的距离不一定就是物理距离，它也可以是心理距离，建立良好的人际关系也不能不注意人与人之间的距离。靠太近了，彼此没有秘密，既容易相互厌倦，也容易相互摩擦，产生矛盾。如果相互离得太远了，又容易相互淡忘，变得生疏。可以说，人与人交往的关键就是要让彼此的距离恰到好处，这完全是一种艺术，而且是一种关于把握距离的艺术。

尊重他人的隐私，不随便介入他人私人生活空间。在社会交往日趋频繁和复杂的情况下，要想提升人脉，每个人既要"个人生活空间独享"，又不能"只扫个人门前雪，哪管别人瓦上霜"，既不能探人隐私，侵犯他人隐私权，又不能以此为借口，对他人不顾不问，漠然置之，完全不顾公共道德。

人与人之间相处，应有"远"，也要有"近"，应有"密"，也应有"疏"。所谓"近"与"密"，说的是互相沟通、互相帮助，从这个角度看，越"近"越好，越"密"越好，全社会就像温暖的大家庭，大家才舒心、才充实；所谓"疏"与"远"，说的则是在心理上，必须保持个人的完整性，不能因情谊的存在而放弃个人的特点，这其实是在维护个人的完整性与个人尊严。

我们可以把"刺猬理论"运用到人与人之间的关系处理上，保持互不伤害的适当距离，达到共存共处的目的。不只是同事，朋友间相处，也需要有一些空间，太过亲近，不小心忘了分寸口无遮拦，会造成彼此间关系的紧张。另外，大家来自不同的环境，接受过不同的教育，时间一长，即使再亲近的朋友，也难免会出现问题。感情往往是最脆弱的。太过疏远难免淡漠，太过亲密难免疲惫，只有保持适中的距离，有些神秘感，才能保持和谐。

就算是关系最亲密的夫妻，相处的时候也需要有些神秘感，要有属于个人的空间。人们常把夫妻比做两个相交但又不重合的圆，交叉部分是夫妻共同的世界，两人在这儿尽享亲密和温馨；不交叉的部分是各自独有的天地。这里有丈夫和妻子不同的色彩甚至隐私，任何恩爱夫妻都不能因亲密无间而慷慨地全部让出，也不能因一时的矛盾而无限地扩大自己的空间。

亲则无间，密则无我，这算是人际交往中的一个忌讳，不利于拓展你的人脉。不要以为亲密无间就能获得他人的好感，平淡如水又绵长无穷的关系能够为你赢得荣宠。学会掌握与人交往的"距离"艺术，你将成为朋友们最信赖的人。

图书在版编目(CIP)数据

人脉是王牌 / 打坐十年编著. —哈尔滨 : 哈尔滨出版社, 2013.1

ISBN 978-7-5484-1258-8

Ⅰ. ①人... Ⅱ. ①打... Ⅲ. ①人际关系学 – 通俗读物 Ⅳ. ①C912.1-49

中国版本图书馆 CIP 数据核字(2012)第 142464 号

书　　名:	**人脉是王牌**
作　　者:	打坐十年　著
责任编辑:	韩伟锋　任　环
责任审校:	李　战
封面设计:	门乃婷工作室
版式设计:	远流图文工作室　赵兴华
出版发行:	哈尔滨出版社（Harbin Publishing House）
社　　址:	哈尔滨市松北区科技一街 349 号 3 号楼　　邮编: 150028
经　　销:	全国新华书店
印　　刷:	辽宁星海彩色印刷有限公司
网　　址:	www.hrbcbs.com　　www.mifengniao.com
E - mail:	hrbcbs@yeah.net

编辑版权热线: (0451)87900272　87900273
邮购热线: 4006900345　(0451)87900345　87900299　或登录**蜜蜂鸟**网站购买
销售热线: (0451)87900201　87900202　87900203

开　　本:	720mm×1000mm　　1/16　　印张: 14　　字数: 200 千字
版　　次:	2013 年 1 月第 1 版
印　　次:	2013 年 3 月第 2 次印刷
书　　号:	ISBN 978-7-5484-1258-8
定　　价:	29.00 元

凡购本社图书发现印装错误, 请与本社印制部联系调换。　**服务热线**: (0451)87900278
本社法律顾问: 黑龙江佳鹏律师事务所